现代战争知识

林仁华　主编

丁信成　李春玉　高胜利　编著

广西科学技术出版社

图书在版编目（CIP）数据

现代战争知识 / 林仁华主编 . — 南宁：广西科学技术
出版社，2012.8（2020.6重印）

（青少年国防知识丛书）

ISBN 978-7-80619-500-0

Ⅰ. ①现… Ⅱ. ①林… Ⅲ. ①现代化战争—青年
读物 ②现代化战争—少年读物 Ⅳ. ① E0-49

中国版本图书馆 CIP 数据核字（2012）第 188681 号

青少年国防知识丛书

现代战争知识

XIANDAI ZHANZHENG ZHISHI

林仁华　主编

责任编辑　方振发		**封面设计**　叁壹明道	
责任校对　梁　斌		**责任印制**　韦文印	

出 版 人　卢培钊

出版发行　广西科学技术出版社

　　　　　　（南宁市东葛路 66 号　邮政编码 530023）

印　　刷　永清县晔盛亚胶印有限公司

　　　　　　（永清县工业区大良村西部 邮政编码 065600）

开　　本　700mm×950mm　1/16

印　　张　15.75

字　　数　206 千字

版次印次　2020 年 6 月第 1 版第 4 次

书　　号　ISBN 978-7-80619-500-0

定　　价　29.80 元

本书如有倒装缺页等问题，请与出版社联系调换。

向青少年普及国防知识

（代序）

林仁华

　　国防是国家的大事，是为保卫国家的主权、统一、领土完整和安全，防御武装侵略和颠覆所采取的一切措施。我们国防力量的强弱和国防建设的好坏，是关系到中华民族生存与发展的大问题，任何时候都不能放松和忽视。

　　回顾我国鸦片战争之后 100 年的历史，由于清政府的腐败无能，形成"有国无防"，时而受到八国联军铁蹄的蹂躏和西方列强的宰割，时而受到日本侵略者的烧杀、奸淫和掠夺，使中国人民陷于水深火热之中。在中国共产党英明领导下，在中国人民解放军的英勇奋战和全国人民共同努力下，我们建立了繁荣昌盛的新中国和强大的国防，中国人民才站起来了，洗雪了百年的耻辱，捍卫了国家主权、领土的完整，保卫了人民生命财产的安全。想想过去，看看现在，我们每一个中国人都应该懂得"国无防不立、民无兵不安"的道理，都应该牢记"落后就要挨打、贫穷就要受欺"的教训，奋发图强，为建设强大的国防和振兴中华而努力。

　　目前，国际形势复杂多变，和平与发展成为当今世界的主题，但是各地局部战争连绵不断，各种矛盾还在深入发展，新的战略格局尚未形成，世界仍然处在大变动的历史时期。我国的社会主义现代化建设仍将在复杂多变的环境中进行。我们要居安思危，要按照江泽民同志在中国共产党十四次代表大会指出的："各级党组织、政府和全国人民要一如既往地关心国防建设，支持军队完成各项任务。抓好全民国防教育。"

　　抓好全民国防教育，应当从青少年抓起。因为以爱国主义为核心的国防意识，是一个国家的国魂、民魂，只有一代一代传下去，才能保持民族的兴旺和国家的强盛。青少年是祖国的未来与希望，是祖国的建设者和保卫者，是21世纪的主人。在21世纪，经济建设的好坏，国防的强弱，对我们中华民族的前途和命运至关重要。因此，我们必须及早着手，将爱国主义思想和国防意识注入青少年的心田，使他们具有浓厚的爱国主义思想和掌握必备的国防知识。这是关系到祖国的盛衰荣辱的大事，是关系到今后谁来保卫中国的大问题。我们的国防是全民的国防，植根于全体公民热爱祖国、建设祖国、保卫祖国的思想和行动中。《中华人民共和国国防法》明确规定："保卫祖国、抵抗侵略是中华人民共和国每一个公民的神圣职责"，"公民应当接受国防教育"，"普及和加强国防教育是全社会的共同责任"。因此，搞好青少年的国防教育，在青少年中普及国防知识，是修筑未来"长城"的战略之举，是国防建设后继有人的百年大计，也是我们国家长治久安、常盛不衰的根本保证，应该引起青少年和全国人民的重视。我们一定要大力加强国防教育，普及现代国防知识，长期不懈地抓下去。

广西科学技术出版社具有浓厚的国防观念和远见卓识，愿为青少年增强国防意识和掌握国防知识贡献力量，专程到北京，委托我主编一套《青少年国防知识》丛书，供青少年读者阅读，满足各地对青少年进行教育的需要。我邀请了首都国防科普作家和长期从事国防教育工作者40多人，同出版社几位编辑一起，用了三年多的时间，终于编写出这套丛书，包括《国防历史》《国防地理》《现代战争知识》《人民军队》《国防后备军》《军事高技术》《高新技术兵器》《军事工程》《后勤保障》《著名军事人物》等十册，向全国出版发行。

这套丛书具有两个鲜明的特点：

第一个特点是内容丰富，知识性强，具有国防现代化读物的特色。本丛书的观点和题材都体现一个"新"字，坚持以邓小平新时期国防建设思想为依据，通过大量生动的事例，比较系统地介绍了我国国防现代化建设有关的基本知识，各本书又有各自的特色和内容。

《国防历史》，主要介绍我国历代国防的特点和战争的情况，以及军事上的改革和创新；介绍帝国主义的侵略和强加给中国的不平等条约，以及中国人民英勇抗击侵略斗争的业绩。

《国防地理》，主要介绍我国在世界上的战略地位和国家周边的安全形势，以及我国著名的军事重地、边关要塞、古战场、海边防等情况。

《现代战争知识》，主要介绍现代战争的特点和要求，特别是在高技术条件下，陆战、海战、空战、电子战、导弹战、原子战、化学战、生物战、心理战等种种战争的特点和攻防的手段。

《人民军队》，主要介绍中国人民解放军的建军思想、战斗历程、优良传统和光辉业绩，以及新历史时期以现代化建设为中心进行全面建设的内容和要求。

《国防后备军》，主要是介绍我国国防后备力建设的方针和原则，反映民兵在各个历史时期勇敢、沉着、机智、灵活的战斗风貌，介绍有关学生军训和外国后备力量建设的新鲜知识。

《军事高技术》，大量介绍高新技术应用于军事的情况，特别是微电子、计算机、生物、航天、激光、红外、隐身、遥感、精确制导、人工智能等各种技术的原理及其在国防建设中的应用。

《高新技术兵器》，着重介绍核生化武器、战术战略导弹、定向能武器、动能武器、电磁炮，以及海上舰艇、作战飞机、主战坦克等新装备。

《军事工程》，着重介绍军事工程在现代战争中的地位和作用，以及构筑工事、设置障碍、布设地雷、抢修公路、架桥渡河、爆破伪装、野战给水等工程的内容、技术和要求。

《后勤保障》，着重介绍古今中外后勤工作的情况及其在战争中的作用，介绍物资、弹药、油料、给养、技术维修、卫生勤务、军事交通等各种保障工作的特点和要求。

《著名军事人物》，主要介绍我国古代、近代、现代著名军事将领的先进军事思想和带兵打仗的经验，以及战斗英雄英勇作战的光辉业绩。

第二个特点是构思精巧，通俗生动，具备青少年科普读物的特点。青少年正处在长知识、打基础的时期，求知欲强，思想活跃，好奇爱问，喜欢追根问底。这套丛书采取一问一答的形式，抓住国防知识的热点和重点，从新的角度提出问题，引起青少年的关注和兴趣，然后结合讲战斗故事，联系斗争实例，介绍武器发明史，宣扬著名军事人物的光辉业绩等回答问题，既讲清"是什么"的内容，又阐述"为什么"的道理，把国防知识、科学原理与实际事例巧妙地结合起来，把军事技术、武器装备与战争的战略战术有机地结合起来，把科学技术的内容与文学艺术的形式结合起来，把科学作品的知识性与国防事件的新闻性结合起来，融思想性、知识性、科学性、趣味性于一体。同时，还配置大量形象的插图，运用许多生动的比喻，加以描述，通过写人、写事、写物，让读者如见其貌，趣味盎然。

国防知识浩如烟海，本丛书篇幅有限，不可能全部写下来，我们只选择其中重要的基本知识和新颖的内容加以介绍，给大家提供一把开启国防知识的钥匙，希望这套丛书能成为培养国防人才的引路灯和铺路石，成为中国青少年增长知识、发展智慧、启发学习兴趣、促进成才的亲密朋友，为普及国防知识、加强国防现代化建设贡献力量。

本丛书还有许多不足之处，望大家批评指正。

强我国防 兴我中华

迟浩田

时任中央军委副主席、国务委员兼国防部长迟浩田为《青少年国防知识》丛书题词

目 录

为什么说现代战争将是陆、海、空、天、电磁一体联合作战 ………… （1）

为什么说海湾战争是一场典型的高技术战争 ……………………… （3）

为什么现代战争突然性增大 ………………………………………… （5）

为什么现代战争节奏加快 …………………………………………… （7）

为什么现代战争的战场空间扩大 …………………………………… （9）

为什么现代战争消耗巨大 …………………………………………… （11）

为什么现代战争的破坏性和残酷性增大 …………………………… （12）

为什么现代战争要实现军队指挥自动化 …………………………… （14）

为什么说军队自动化指挥系统（C³I系统）是
  军队指挥的"中枢神经" ………………………………………… （16）

为什么说军队自动化指挥系统（C³I系统）容易遭受破坏 ……… （18）

为什么说科学技术进步是变更战争发展阶段的主要动力 ………… （20）

为什么说现代战争中的高技术武器装备的能量是高能释放形态 … （23）

为什么说炮兵仍然是现代战争中陆军进行火力突击的重要力量 … （25）

为什么炮火准备是进攻战斗的重要阶段 …………………………… （27）

为什么在现代战争中要建立炮兵观察网 …………………………… （29）

为什么说在现代战争中必须千方百计地压制敌方的炮兵 ………… （31）

为什么说火箭炮能给敌人造成心理上的压力 ……………………… （33）

为什么在现代战争中要灵活使用炮兵火力 ………………………… （35）

为什么说坦克是现代陆地战场的"活动堡垒" …………………… （37）

为什么在地面作战中将装甲兵部队集中使用于主要方向上 ……… （40）

为什么在现代战争中用坦克能够有效地打击敌方的坦克 …………（42）

为什么在现代战争中装甲兵的战斗行动离不开其他军兵种的支援 …（44）

为什么说通信兵是"科学的千里眼和顺风耳" …………（46）

为什么无线电通信是现代战争的主要通信手段 …………（48）

为什么在现代战争中要建立地下通信系统 …………（50）

为什么现代战争离不开伪装 …………（52）

为什么说在现代战争中有效的工程支援是通向胜利的保证 …………（54）

为什么在现代战争中许多号称攻不破的防线也能被攻破 …………（56）

为什么在现代战争中要建立一支强大的海军 …………（58）

为什么说现代海军是技术装备比较复杂的合成军种 …………（60）

为什么现代战争中海上封锁与反封锁作战越来越重要 …………（62）

为什么海上封锁与反封锁作战组织协同动作十分复杂 …………（64）

为什么说高技术武器装备为海上封锁与反封锁作战
提供了有力的保障 …………（66）

为什么在现代战争中海军行动是对陆、空作战的有力支援 …………（70）

为什么在现代战争中要"以海制空"和"以空制海" …………（72）

为什么在现代战争中海上运输是支持战争的重要基石 …………（74）

为什么登陆作战是现代战争中的一种重要作战样式 …………（76）

为什么我们要特别重视在现代条件下的抗登陆作战 …………（78）

为什么航空母舰能作为现代战争的海上主力 …………（80）

为什么导弹艇战在现代战争中十分活跃 …………（82）

为什么反潜战登上了现代战争的舞台 …………（84）

为什么水雷战在现代战争中作用非凡 …………（86）

为什么空军在局部战争中总是打头阵 …………（88）

为什么空军的优势在于进攻 …………（90）

为什么空中进攻强调首次突击 …………（92）

在现代战争中,隐身飞机为什么能躲避对方雷达的探测 …………（94）

为什么在战争中使用同一种武器却出现不同结局 …………（96）

为什么空中突击要分为三种战术方法 …………（98）

为什么要实施空中截击 …………（100）

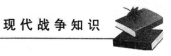

为什么要实施空中护航 …………………………………………（102）

为什么要实施空中巡逻 …………………………………………（104）

为什么要实施空中封锁 …………………………………………（107）

为什么近年来频繁出现"外科手术式"空袭 ………………………（110）

为什么出现空中"禁飞区" …………………………………………（112）

为什么现代空战离不开预警指挥机 ………………………………（114）

为什么加油机倍受青睐 …………………………………………（117）

为什么飞机的"拉烟"具有重要战术意义 …………………………（119）

为什么预警指挥系统往往是空袭的首选目标 ……………………（121）

为什么低空突防成了空袭的惯用手段 ……………………………（123）

为什么突防多采用小编队、多方向、多层次战术 …………………（126）

为什么空袭要采用多机种混合编队 ………………………………（128）

为什么现代空袭多采用同时轰炸 …………………………………（131）

为什么空袭多选择在夜间 …………………………………………（133）

为什么说在现代战争中天战已经拉开了序幕 ……………………（135）

为什么未来天战将更加激烈 ………………………………………（137）

为什么科学技术越发达,电子战的作用就越大 ……………………（139）

为什么在现代战争中要求建立一体化电子战系统 ………………（140）

为什么在现代战争中要运用威胁告警系统 ………………………（143）

为什么在现代战争中要实施电子侦察 ……………………………（145）

为什么现代军事通信要采用跳频技术 ……………………………（147）

为什么在现代战争中要实施电子干扰 ……………………………（149）

为什么电子干扰会使雷达迷盲 ……………………………………（151）

为什么在空中投放箔条能干扰雷达 ………………………………（153）

为什么要运用电子战飞机 …………………………………………（155）

为什么反辐射导弹能够自动攻击雷达 ……………………………（157）

为什么在现代战争中要运用反辐射无人机 ………………………（158）

为什么计算机病毒将成为电子战的杀手锏 ………………………（160）

为什么在现代战争中电子战要运用综合战术 ……………………（162）

为什么导弹战成为现代战争的主角 ………………………………（165）

为什么有人说在未来战争中将出现"无导不成战"的现象 ……………… (167)

为什么导弹在现代战争中格外受到人们的重视 …………………………… (170)

为什么导弹战一般是打击重点目标 ………………………………………… (172)

为什么在现代战场上"活动堡垒"最怕反坦克导弹 ……………………… (174)

为什么在现代战争中要注意提高导弹的防护能力 ……………………… (176)

为什么说在现代战争中也有对付导弹战的绝招 ……………………… (178)

为什么"爱国者"导弹能够拦截"飞毛腿"导弹 ……………………… (180)

为什么全世界人民坚决反对核战争 ……………………………………… (182)

为什么世界各地要求建立无核区 ………………………………………… (185)

为什么化学武器具有很大的杀伤作用 …………………………………… (188)

为什么在现代战争中化学武器屡禁不止 ……………………………… (190)

为什么伊拉克的化学战威慑使多国部队忧心忡忡 ……………………… (192)

为什么说日本的"731"部队是杀人不见血的刽子手 ………………… (194)

为什么有人说基因武器在现代战争中胜过原子弹 ……………………… (196)

为什么现代战争将在核、化、生武器的威慑环境中进行 ……………… (197)

为什么合成军队作战要综合选择气象条件 …………………………… (199)

为什么要选择有利于我而不利于敌的气象条件作战 ………………… (201)

为什么恶劣的气象条件对进攻一方有利 ……………………………… (203)

为什么登陆作战和抗登陆作战要注意潮汐的变化 ……………………… (205)

为什么飞机作战最怕雷暴 ………………………………………………… (207)

为什么核武器爆炸效果与气象有关 ……………………………………… (209)

为什么人工影响局部天气也能用于作战 ……………………………… (211)

为什么在现代战争中也要重视心理战 ………………………………… (213)

为什么要进行宣传心理战 ………………………………………………… (215)

为什么要进行威慑心理战 ………………………………………………… (217)

为什么要进行诡诈心理战 ………………………………………………… (219)

为什么要进行激励心理战 ………………………………………………… (221)

为什么在现代战争中人们越来越重视夜战 …………………………… (223)

为什么高技术装备使夜战的能力空前提高 …………………………… (225)

为什么在现代战争中对付敌人的夜视器材也有好办法 ……………… (227)

为什么现代战争的后勤指挥面临很多新问题 ………………………（229）

为什么现代战争的运输保障难度明显增大 ………………………（231）

为什么现代战争对技术保障要求越来越高 ………………………（233）

为什么在现代战争中卫生勤务保障更加困难 ……………………（235）

为什么在现代战争中陆上机动作战对后勤保障的要求更高 ………（237）

为什么说现代战争将是陆、海、空、天、电磁一体联合作战

　　现代战争是指主要使用现代先进武器装备和科学技术进行的战争。由于高技术的发展和应用，使各种武器装备得到了加强，作战战场不断扩大，从陆地、海洋、空中扩大到太空，而且电磁斗争充斥各个战场，形成一种特殊的看不见的战场。这五大战场的作战，都不是孤立存在、单一行动，而是互相影响、互相制约的。陆军、海军、空军、天军和电子战部队等，既担负自身战场的作战任务，又担负各战场互相支援作战的任务，他们互相协作，形成占绝对优势的整体作战力量，从不同层次和方向来打击敌人，使敌人处于腹背受敌的境地，逃避了一个军种的打击，又暴露在另一个军种的打击之下。

　　海湾战争就是一场陆、海、空、天、电磁一体联合作战的战争。它的战场已从陆、海、空延伸到太空，而且电磁战场上的斗争也相当激烈。例如，多国部队参战的有陆、海、空军和海军陆战队4个军种和众多的兵种，总兵力达78万人。他们投入的主要武器装备，地面有3800多辆坦克、3000余辆装甲车、1700余门火炮、近300门高炮、900多部防空导弹发射架、6500多具反坦克导弹；空中有4000多架各种飞机；海上有以航空母舰为核心的各种舰艇200多艘；在太空投入了70余颗各种侦察、监视、预警、通信、导航和气象卫星等，对各种作战进行支援；电子战部队仅美军就投入了3个多旅，出动各种电子战飞机250多架。多国部队在各个战场上作战基本协调一致，配合比较密切，自始至终牢牢掌握战争的主动权，形成很强的打击力量，使伊拉克军队防不胜防，最后以失败而告终。

由于现代战争是主要使用现代先进武器装备和科学技术进行战斗，是陆、海、空、天、电磁一体联合作战，因此现代战争出现了许多新特点：一是战场的范围空前扩大，立体性增强；二是诸军兵种联合作战，大量使用高技术武器装备；三是战争的突然性增加，往往从突然袭击开始；四是电子战在各个战场广泛进行，成为现代战争的重要手段；五是战争的杀伤力和破坏性大大提高；六是物资消耗巨大，后方补给任务加重；七是作战指挥更加复杂，要实施自动化指挥。这些新特点，在后面文章中将分别进行介绍。

为什么说海湾战争是一场
典型的高技术战争

所谓高技术战争，是指在战争中大量使用高技术性能的武器装备和与它相适应的先进作战方法。高技术战争属于现代战争的范畴，是新技术革命时代的产物，只有在新技术革命的时代才能产生高技术战争。

海湾战争是第二次世界大战结束以来，规模最大、参战国最多的一场现代战争，就它使用的武器装备和作战方法来看，是一场典型的高技术战争。主要表现在以下几个方面。

一是空中力量的作用十分突出。42天的海湾战争，空中作战就占38天。以美国为首的多国部队，出动了各种战斗机、轰炸机、攻击直升机、空中预警指挥机、运输机和空中加油机等20多个机种，共44个机型，约3200多架。其中包括F-117A隐身战斗轰炸机；擅长于地毯式轰炸的B-52战略轰炸机；"双重任务"F-15E战斗轰炸机；素有"坦克杀手"之称的A-10攻击机和AH-64"阿帕奇"攻击直升机；世界上机动能力最强，可两倍于音速飞行的F-16战斗机；"幻影-2000超音速战斗机；"旋风"式战斗轰炸机；"美洲虎"战斗轰炸机；用于电子战和压制敌防空系统的EA6B、EF-111A、EC130和F-4G式飞机；用于侦察的RF-4、RC-135、TR-1、U-2式飞机；用作空中监视的E-3B、E-2C式飞机；用作空中加油的KC-135式飞机；等等。在38天的空袭中，多国部队共出动飞机多达11万多架次，投弹量多达50余万吨，与朝鲜战争中美军3年间总投弹量相差无几。

二是电子战贯穿战争始终。在战争中，夺取制电磁权是掌握战争主动权的关键。在海湾战争打响之前，一场以电子侦察与反侦察、电子干扰与反干扰、电子摧毁与反摧毁的电子战就激烈地展开了。美国在海湾上空部署了十余颗军用卫星，其中包括KH-11、KH-12"锁眼"系列照相侦察卫星，"长曲棍球"卫星和代号为"大酒瓶""漩涡"的通信情报卫星，对伊拉克战场实施连续的严密监视。美国还在以色列、土耳其、沙特三个方向建立了战略电子对抗网络，部署了EA-6B、EF-111A、EC-135等一批具有电子、红外干扰设备和全向告警系统的空中电子侦察与干扰机。空袭一开始，电子干扰达到了最激烈的程度，使伊拉克的通信中断、雷达迷盲、导弹失控。并且多国部队发射数百枚反雷达导弹，摧毁了伊拉克95％雷达系统。多国部队完全掌握了战区空间的制电磁权。

三是装甲战最后大显神通。海湾战争中，多国部队仅用了4天多的时间便达到地面作战的目的，最终结束了海湾战争。地面作战其成果之大、损失之小、持续时间之短，是现代局部战争地面作战战例中罕见的，充分体现了高技术战争的特点。多国部队的地面部队装备了大量先进的装甲车辆，呈现强大的装甲优势，形成一股势不可挡的"铁流"。在这股"铁流"中，有先进的M1和M1A1主战坦克、M60坦克、M2"布雷德利"步兵战斗车等。在作战中，战斗士兵扫雷装甲车开路，多种型号的坦克和装甲运兵车、自行火炮紧随其后，战斗进展十分顺利。

四是精确制导武器身手不凡。在海湾战争中，精确制导武器充当了主角，成为交战双方的主要打击力量。其中包括伊拉克军队的"飞毛腿"导弹、"侯赛因"导弹、"阿巴斯"导弹和美军的"战斧"式巡航导弹、"斯拉姆"遥控导弹、"爱国者"防空导弹、激光制导炸弹等。

五是军队指挥系统十分灵敏。美军设立了包括固定指挥中心、车载指挥中心、机载指挥中心等在内的多种指挥所，并且动用了多种卫星通信系统、国际数据网、全球定位系统等，为军队指挥顺畅提供了可靠的保障。各种信息从海湾地区和世界各地通过卫星传到美国本土的指挥控制中心，经过计算机处理，在几分钟之后，就可以迅速传到战地指挥部。

为什么现代战争突然性增大

　　战争的突然性是指为有助于达到作战胜利目的而采取出敌不意的行动。这种行动往往选择在敌人意料不到的时间、地点、作战方法和手段实施突击，从而打乱敌人的部署使其来不及有组织地进行抵抗。利用战争的突然性，就可以在兵力、兵器、精力和时间上以最小的代价获得最大的胜利。

　　在历史上以这种"攻其无备，出其不意"的突然袭击揭开战争序幕的例子比比皆是，近年来这种战法的使用更加频繁。例如，1981年6月7日是一个星期天，正当伊拉克人民忙于准备"圣灵降临节"时，以色列空军出动飞机14架携带精确制导炸弹，仅用2分钟就将伊拉克价值4亿美元的核反应堆毁于一旦；1986年4月15日凌晨2时整，当利比亚人好梦正酣，其总统卡扎菲还坚信美国不会对利比亚动手时，美军对利比亚首都的黎波里和另一个大城市班加西共5个重要军事目标同时开刀，仅仅12分钟就结束战斗；1991年1月17日凌晨，伊拉克总统萨达姆还认为美国重兵集结海湾地区是虚张声势，他未料到，就在此时，美国的F-117A隐身战斗轰炸机携带激光制导炸弹悄悄越过伊拉克的雷达覆盖区，突然飞到了巴格达上空，把激光制导炸弹准确地投到了伊拉克总统府的屋顶上，空袭40分钟后，巴格达城才实行灯火管制。

　　由此可见，突然袭击已成为现代战争的主要方式和手段，无论是大国对小国，或者小国对小国之间的战争都是这样。形成这种特点的主要原因：一是战争决策者采取的战略战术就是要趁敌不备，通过突然袭击，给敌人以沉重打击，夺取战争初期的主动权，为进一步遂行战争创造有利的条件。二是现代军事科学技术和武器装备的高度发展，特别是高技术武器装备应用于作战，为实施战争的突然性创造了有利的条件。例如，导弹核武器的出现，使远距离火力袭击成为现实，能攻击地球上任何区域的目标，打击1000千米以内的目标只需数分钟；战略轰炸机及战斗轰炸机的发展，可以执行洲际之间的作战任务，使远程空中奔袭作战成为一种重要的作战手段。美军空袭利比亚使用的飞机就是从西欧英国基地起飞，到非洲利比亚，往返飞行1万多千米；各种运输机和直升机的大量使用，大大提高了空中机动能力，使空降突然袭击成为现实；现代舰艇及先进的登陆工具的发展使用，缩短了航渡时间，提高了登陆速度，使登陆作战具有更大的突然性；地面部队摩托化、机械化程度空前提高，增大了快速、深远的机动能力，可以在敌人意想不到的方向上迅速集结强大的突击兵团，从行进间或从驻地发起突然进攻；航天侦察技术，各种隐身和伪装技术的发展，为完成战争的突然性提供了可靠的保障；电子战的广泛应用，可使敌方通信中断、雷达迷盲、指挥瘫痪，更有利于对敌人发动突然袭击。

为什么现代战争节奏加快

　　从20世纪60年代后爆发的几场局部战争来看，战争持续的时间明显缩短，达到目的马上结束。例如，1967年6月，以色列同阿拉伯国家的第三次中东战争，打了 6 天；1973 年 10 月，以色列同阿拉伯国家的第四次中东战争，打了 18 天；1982 年英国同阿根廷的英阿马岛战争，打了 74 天；1991 年初的海湾战争，也只不过打了 42 天。现代战争的节奏之所以这样快，主要有以下几个原因。

　　一是部队的机动速度比较快。部队借助于高速度的飞机、舰船、坦克、装甲车等运载工具，能在很短时间内到达指定作战地区。如 1990 年 8 月 7 日，布什正式签署实施"沙漠盾牌"计划，并发布命令，要求美军第一批F-15战斗机和第82空降师一部在24小时内抵达沙特阿拉伯。

　　二是各种现代化武器装备具有反应快、速度快、杀伤力高等特点，使部队快速作战能力大大提高。如防空导弹从捕获目标到发射导弹只需 4～10 秒钟，最多不超过 20 秒钟；洲际导弹的反应时间也只有 0.5～1 分钟；坦克运动速度从最初每小时 5.9 千米发展到现在每小时 75 千米；舰艇的航行速度从最初 10 节（1 节等于 1 海里/小时，1 海里等于 1852 米）发展到30 节；飞机的飞行速度从最初每秒40米发展到每秒800米，大大超过了音速；导弹、激光制导炸弹等武器的杀伤威力空前提高，前苏联的 SS—18 洲际导弹的威力为 2000 万吨 TNT（梯恩梯）当量，相当于 1945 年美国在日本广岛和长崎投下原子弹总当量的 500 倍，"霍式"反坦克导弹的最大破甲厚度可达 1300 毫米。

　　三是可以实行全天候、全时辰的连续作战。各种夜视设备和高性能的光学电子设备普遍装备部队,无论是刮风下雨、浓雾飘雪,还是昏暗无光、硝烟弥漫,部队能够在各种不良气象条件、白天和黑夜连续作战,使每分每秒的作战效率大大提高。在海湾战争中,多国部队的主要作战行动大都安排在夜间进行。

四是作战指挥系统反应灵敏,效率高。先进的 C^3I 系统,使作战中的情报搜集、情报传递和情报处理等各个环节所用的时间大大减少,决策人员能够借助 C^3I 系统及时下定决心,拟制计划,迅速指挥部队实施行动。如1990年8月2日,伊拉克突然侵占科威特,美国马上获得了情报,迅速研究部署。8月5日,美国国防部长切尼携带拟制好的行动计划与其他一些高级官员和将领飞抵沙特阿拉伯进一步研究对策,在征得沙特国王同意后,布什总统于8月7日正式签署实施"沙漠盾牌"计划。

为什么现代战争的战场空间扩大

由于航天兵器、导弹武器、战略飞机、深海武器等远战武器的迅速发展和军队机动能力的提高，使现代战争的活动空间明显扩大，主要表现在以下三个方面。

一是战场范围扩大。现代侦察技术装备，如侦察飞机、侦察卫星、远程警戒雷达等，可以在全球范围内进行大面积的侦察与监视。陆地战场侦察监视系统可作用 150 千米远；高空侦察机飞行距离 4800 千米，值勤时间 12 小时，每小时监视能力可达 38.9 万平方千米；侦察卫星的侦察范围就更广了，可覆盖数百万平方千米。各种武器的射程也增大了。火箭炮可攻击 40 千米处的目标；地地战术导弹射程可达几百千米；机载战略巡航导弹可射到 3000 千米远；洲际弹道导弹的射程更远，可达 16000 千米；战略轰炸机的最大航程达 20000 千米远。兵力机动能力大大提高，每天可向前推进 400 千米。因此，现代战争的武器装备不仅具有近距离作战的能力，而且也具有远距离作战的能力，有的可达到地球上任何一点。

二是战场高度立体化。现代战争不仅在地面、海面和空中进行，而且扩展到太空和深海。水下有各种潜艇、潜射导弹、鱼雷、水雷等；水面有航空母舰、巡洋舰、驱逐舰、护卫舰等各种舰艇；地面有火炮、坦克、装甲车、地地战术导弹等；空中有歼击机、攻击机、轰炸机、无人机等飞机及巡航导弹；太空有卫星、航天飞机、空天飞机等。交战双方可在陆、海、空、天整个立体空间中进行较量。电子战充斥各个战场，自身形成一个特殊而又十分重要的战场。

三是战场不分前后方。在以往的战争中，由于军队的机动能力和远战

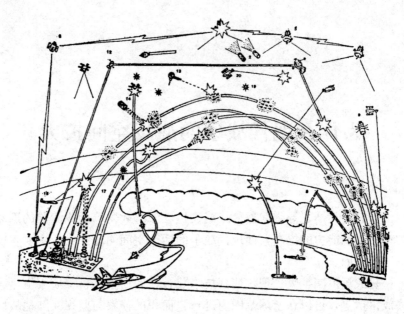

能力有限，战争往往由交战双方的边境地区开始，尔后向国土纵深发展。在相当长的时间内，战略后方比较安全，出现了"前方打仗，后方支援"的情景，前方和后方比较明显。然而，在现代战争中，由于武器的射程远、速度快、精度高、威力大，以及军队的机动能力和远战能力空前提高，使战争一开始就波及整个空间，形成犬牙交错的状态。大后方的重要目标，如城市、指挥中心、通信枢纽、交通枢纽、重兵要地、后勤基地、工业基地等都可能遭到攻击。

因此，现代战争的战场空间发生了巨大变化，向大纵深、高立体、远近交叉发展。

为什么现代战争消耗巨大

    由于大量的先进武器装备投入战场，现代战争越来越激烈，因而使战争的消耗增大，主要表现在以下几个方面：

    首先，投入战争的各种武器装备的总价值巨增。例如，第二次世界大战末期，坦克 5 万美元一辆；战斗机 10 万美元一架；航空母舰 700 万美元一艘。在海湾战争中，M1A1坦克350万～500万美元一辆；F-15E战斗轰炸机4350万美元一架；F-117A隐身战斗轰炸机1.1亿美元一架；E3预警飞机1.5亿～2亿美元一架；航空母舰35亿美元一艘；"爱国者"地空导弹110万美元一枚；战斧巡航导弹 130 万美元一枚等。在海湾战争中投入的武器装备总价值就达 1020 亿美元，是第二次世界大战的 2.55 倍。

    其次，战争中各种物资消耗和武器装备损坏明显增加。以弹药为例，朝鲜战争，美军平均每年消耗量为 104.3 万吨；越南战争，美军平均每年消耗量为 176.2 万吨；海湾战争，仅 38 天的空袭，美军投弹量达 14 万吨。1973 年 10 月爆发的第四次中东战争，只打了 18 天，交战双方就损失飞机640 余架，坦克 3100 辆，舰艇 59 艘。据估计，现代战争一般可使武器装备损坏率达 30％左右。因此，战争的消费也增加。第二次世界大战时，美军平均每天消费为 1.94 亿美元；越南战争，美军平均每天消费为 2.3 亿美元；第四次中东战争，交战双方平均每天消费为 2.78 亿美元；海湾战争，美军平均每天消费 14.5 亿美元，科威特损失 600 多亿美元，重建家园尚需700亿～1000亿美元，伊拉克损失高于2000亿美元。

    另外，现代战争人员伤亡增加，受伤情况复杂，医疗费用也增加。如果发生核战争，人员伤亡将更加严重。

为什么现代战争的破坏性和残酷性增大

在现代战争中，由于科学技术特别是高技术在军事领域的广泛应用，使军队的武器装备迅速发展，大大增强了武器的破坏杀伤威力，使战争的破坏性、残酷性增大。

一是常规武器的飞速发展，使其破坏杀伤威力提高。所谓常规武器是区别于核武器、化学武器等的兵器，包括坦克、枪炮、飞机、舰艇、地雷、炸弹、鱼雷、导弹等。由于现代科学技术的应用，常规武器比以往的威力更大。表现在它们的射程更远，打击覆盖面积增大，破坏杀伤程度也相应增大。如 MLRS 12 管火箭炮，射程 30～40 千米，每枚火箭弹可携带 644 个子弹头，一次齐射可发射7728个子弹头，散布面积有7个足球场大小；"战斧"巡航导弹，射程 1300 千米，可携带 454 千克的单弹头或含有 166 个子弹头的子母弹头，用以攻击指挥中心、地下工事、机场、公路等目标。常规武器的命中精度提高，增大了破坏杀伤威力。如"铜斑蛇"制导炮弹，射程 17 千米，命中精度为 0.3～1 米，击毁一辆坦克只需 1～2 发；美军侵略越南轰炸越南清河大桥时，开始使用普通炸弹，出动飞机 600 多架次，投弹数千吨，损失飞机 18 架仍未炸毁，后改用激光制导炸弹，只出动飞机 12 架次就将大桥炸毁，

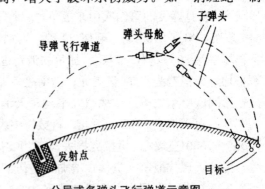

导弹飞行弹道　弹头母舱　子弹头

发射点　目标

分导式多弹头飞行弹道示意图

飞机安全返航；激光制导导弹的命中精度在 1 米以内，可以达到首发命中的最佳效果。常规武器的反应灵敏程度也大大提高，缩短了从发现目标到发射弹药命中目标的时间，使攻击目标的机会增多，杀伤破坏力也相应提高。

二是核武器的出现使战争的破坏杀伤力突增，战争异常残酷。第二次世界大战末期，美国于 1945 年 8 月 6 日和 9 日，在日本广岛和长崎空投了两颗原子弹，造成几十万人的伤亡，引起世界人民的强烈反对。现在的原子弹、氢弹的爆炸当量大大提高，其破坏杀伤力成百成千倍增加。

三是化学武器的使用和发展，也大大提高了破坏杀伤力。如 5 吨"沙林"毒剂的杀伤面积已接近一枚百万吨级的核弹，而且它的造价比较低。有些国家还研制化学地雷、化学炮弹、化学导弹，使用起来就更方便了。

四是电子战的"硬杀伤"威力增大。反雷达导弹和反雷达无人机专门用来对付敌方的雷达系统，是雷达的"克星"；强烈的电子干扰和电磁脉冲能破坏敌方 C^3I 系统中的通信设备和计算机网络，使整个军队指挥系统瘫痪。

为什么现代战争要实现军队指挥自动化

所谓军队指挥自动化，就是指在军队指挥体系中，广泛使用电子计算机及其他技术设备，实现信息处理自动化与决策方法科学化相结合，以提高指挥效能。

在现代战争中，由于参战军种、兵种多，作战活动范围广阔，情况变化急剧，各种战斗保障要求严格，组织协同更加困难。因此，军队指挥面临许多新的问题，主要有：

一是情报数量激增，处理十分复杂。现代战争要求在广泛的地域内搜集所需要的情报，从水面到水下，从陆地到太空，从白天到黑夜，从秘密情报到公开资料，凡是有关军事活动的情报几乎都要搜集。这些情报，来源广、数量大、变化快，必须综合研究、分析判断，才能去伪存真。若处理不及时，就会失去意义。然而，用普通的手段难以胜任这种繁杂的工作。如美国野战集团军司令部用普通手段处理情报，最后真正被利用的情报仅仅占所收集情报的 9％，大量情报来不及处理。

二是完成指挥任务的时间越来越短。现代战争中，各部门相互联系、相互依存，关系更加紧密，跨部门的问题越来

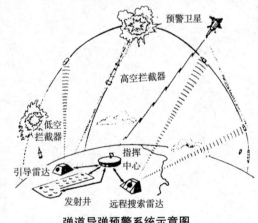

弹道导弹预警系统示意图

越多。如何使众多的参战单位在作战行动上协调一致，准确无误，这是军队指挥面临的又一个复杂问题。例如，在反战略核武器袭击中，反导弹系统的雷达从发现目标到预警告知只有 15 分钟左右，在这样短的时间内，既要处理大量数据，从多个真假弹头中识别真弹头并算出其飞行轨道；又要分配和控制拦截武器，力争在来袭导弹到达预定地点之前将其击毁。若采用手工处理，则无能为力。

三是定量分析要求高。在战争中，对大量情报的分析处理、双方兵力兵器的对比、各种武器的作战效能、部队机动能力和作战能力及分配使用、制定作战方案以及后勤保障等，都要运用现代数学方法和计算机进行精确计算。例如，美国陆军军械部用电子计算机清理仓库，48 小时处理了 12 个仓库的 20 多万种物品，若用手工进行，大约需要 3 个月。

四是现代军队指挥任务繁重。指挥人员既要指挥各军种、兵种在主战场上的联合作战，又要指挥地方部队、民兵游击队配合主力作战；既要组织指挥以一种作战形式为主（如陆战为主），又要与其他作战形式相结合（如结合空战和海战）；还要组织各种后勤保障等。要想在有限的时期内完成极为繁重的指挥任务，靠过去传统的指挥方式和设备难以奏效。

上述这些问题，不能单纯依靠强化指挥人员的智力和体力活动来解决，必须把提高指挥人员的素质与采用新的指挥手段相结合，配备高水平的专业人员，进行指挥方式的变革，实现军队指挥自动化。

为什么说军队自动化指挥系统（C³I 系统）是军队指挥的"中枢神经"

C³I 系统是军队指挥自动化系统或军队自动化指挥系统的简称。在国外，通常把军队指挥自动化系统称为"指挥、控制、通信与情报系统"。因为英文的指挥（Command）、控制（Control）、通信（Communication）的头一个字母都是 C，而情报（Intelligence）的头一个字母是 I，所以习惯上又把它称为 C³I 系统。C³I 系统主要由探测系统、指挥中心和通信系统三部分组成。探测系统是由分别配置在地面、海上、空中、外层空间的各种侦察设备，如侦察卫星、侦察飞机、雷达、声纳、光学摄影机、遥感器及其他侦察、探测设备组成。它能及时收集敌我双方的兵力部署、作战行动及战场地形、气象等情况。指挥中心主要由电子计算机及其输入输出设备等组成，并配有专门的计算机软件，能够对各种信息进行综合、分析、存储、检索、计算等，并能协助指挥人员拟制作战方案，对各种方案进行模拟、比较、选优。通信系统主要由终端、交换、线路和用户设备组成。信道终端设备有无线电台、有线电载波机、微波接力站、通信卫星等；交换设备有电话、电报、数据交换机等；线路分有线电线路和无线电线路。通常由这些设备组成具有多种功能的通信网，迅速、准确、保密、不间断地传输各种信息。

探测系统通过各种侦察手段获取有关敌情和目标的信息，经过通信系统送到指挥中心，由指挥中心的计算机进行处理，作出分析判断，输出结果数据。指挥人员根据这些数据定下决心，下达作战命令，计算机根据作战命令提供各种兵力、兵器的指挥控制和引导数据等，再经过通信系统传

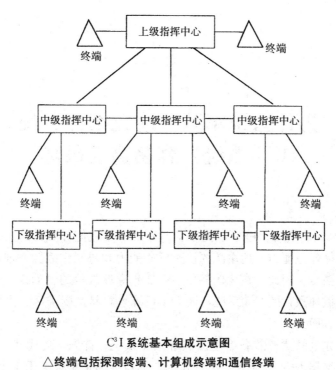

C³I 系统基本组成示意图

△终端包括探测终端、计算机终端和通信终端

——通信网络　□指挥中心

输给作战部门，并随时将执行情况反馈回来。

　　C³I 系统一般分为战略和战术两大类。战略 C³I 系统担负着国家最高指挥当局对军队和战略武器进行指挥、控制的任务；战术 C³I 系统是指战区级以下部队使用的系统，包括陆、海、空军使用的 C³I 系统，多种多样，有分有合。在现代战争中，大量高技术武器装备涌向战场，情况瞬息万变，可靠的 C³I 系统是确保各军兵种联合作战的协同指挥，充分发挥各种武器装备的整体综合作战能力的关键，它可以使各级指挥员随时掌握整个战场敌我双方兵力和武器装备使用的情况，通过计算机辅助决策，使兵力和武器装备得到最佳运用。一旦 C³I 系统出了故障，上下信息不通，指挥员与部队失去联系，必将给作战带来巨大的影响。因此，可以说 C³I 系统是军队指挥的"中枢神经"。

为什么说军队自动化指挥系统
（C³I 系统）容易遭受破坏

C³I 系统的出现，进一步提高了武器的作战效能和威力，大大提高了军队的整体作战能力，把军队的快速反应能力和协同作战能力推向一个前所未有的高度。因此，在现代战争中，要想夺取战争的主动权，首先要千方百计地破坏敌人的 C³I 系统，而 C³I 系统也容易遭受破坏，主要原因有以下几个方面。

一是先进的武器装备有能力破坏 C³I 系统。首先，现代武器射程远。火箭、火炮能击毁 70 千米以内的目标，巡航导弹可击毁上千千米的目标，其他导弹对任何一级 C³I 系统都能直接杀伤。其次，现代武器精度高。精确制导武器，如巡航导弹、地对地导弹、空对地导弹、反雷达导弹、制导航弹、制导炮弹等，都能准确地将目标击毁，破坏 C³I 系统。如美国的 AGM−84E"斯拉姆"空对地导弹，发射前事先装好预定攻击目标的图像信息，发射后弹体接受导航卫星全球定位系统的导引，在接近目标时，红外成像导引头开始工作，根据预先装好的目标图像，引导导弹捕捉目标将其击毁。另外，现代武器杀伤破坏力强，有的具有钻地攻击能力，即使是设在地下的 C³I 系统，也容易遭受攻击。现代武器，有的还具有隐身能力，能够躲避敌人的侦察监视而飞向目标。如 F−117A 隐身战斗轰炸机在海湾战争一开始，就突破伊拉克的防空系统，飞到巴格达市中心，将第一枚激光制导炸弹投到通信中心，尔后又袭击巴格达空军司令部防空指挥控制中心等重要指挥控制系统，使伊拉克 C³I 系统瘫痪。

二是 C³I 系统本身比较脆弱，容易遭受电子战干扰和破坏。C³I 系统中的探测系统和通信系统都能向外发射电磁波，容易被敌方监视和侦收；探测系统和通信系统在工作时，也容易遭受强烈的电子干扰；雷达系统很容易被敌方的反雷达导弹击毁；非核电磁脉冲炸弹爆炸时，产生大功率的电磁脉冲，对电子设备将产生摧毁性打击，对严重依赖电子设备的 C^3I 系统构成巨大的威胁；计算机病毒一旦侵入 C^3I 系统，将很快传播，使 C^3I 系统瘫痪。据报道，在海湾战争前，美军曾偷偷地将计算机病毒输进伊拉克的 C^3I 系统中。后来在空袭巴格达前不久，用无线电摇控的方法将隐蔽的病毒激活，致使该系统陷人瘫痪。另外，C^3I 系统容易遭受计算机黑客（即未经允许非法进入 C^3I 系统中的人员）入侵，毁坏数据、修改数据或软件、偷窃数据和软件，以及关闭主机或网络等。

三是派出特种作战部队破坏敌 C^3I 系统。在1982年爆发的英阿马岛战争中，英军就曾派出特种作战分队，将阿根廷在马岛上建立的两个先进雷达站摧毁，使阿根廷的飞机无法在马岛上空活动。

为什么说科学技术进步是变更
战争发展阶段的主要动力

恩格斯指出："一旦技术上的进步可以用于军事目的并且已经用于目的，它们便立刻几乎强制地，而且往往是违反指挥官的意志而引起作战方式上的改变甚至变革。"这就是说，不同时代的科学技术水平，决定了武器装备的发展和战术的发展，反映着战争水平的时代特征。纵观几千年人类的战争史，每一个战争发展阶段都是由当时的科学技术推动的。科学技术的进步对战争的影响，主要通过对武器装备的改造和变革，以及由此带来的军事思想的变革而体现出来的。

古代技术，大约在 17 世纪以前。其基本特征是以人力、畜力加上部分风力、水力为动力，以石器、铜器、铁器为代表产品，以刀、枪、剑、戟、棍、弓箭等冷兵器和早期的火器作为基本的武器，以陆地为主要战场，常用"方阵队形""集团战术"去作战。这就是冷兵器战争时代。

近代技术，大约在 17～19 世纪。其基本特征是以蒸汽和电力作为动力，以钢铁、石油、化工产品作为代表产品，以近代火器如滑膛枪、来复枪等作为主要武器。蒸汽机的出现，导致蒸汽船能在水上游弋；弹道学的发展，提高了枪炮的射程和命中率；先进机械技术的引入大大改进了武器的结构，尤其是内燃机和喷气发动机的发明，极大地促进了车辆、舰船、飞机的研制。这期间在陆地和海洋战场，军队采用了"散兵队形""纵深配置"等新的战术。这就是热兵器战争时代。

现代技术，出现于 20 世纪初。它的基本特征是以量子力学、相对论等理论的诞生为关键，以原子能的释放为标志，以火器和热核兵器（如原子

高技术战争

热核兵器战争

热兵器战争

冷兵器战争

弹、氢弹）作为主要武器，以陆地、海上、空中作为主要战场。伴随着核武器来到人间的，是崭新的核战争理论和核条件下的战略战术，产生了核报复战略、核威慑战略等，军队的配置地域扩大了，想方设法防止敌方核袭击。这就是热核兵器战争时代。

高技术，大约从本世纪60年代开始。它是在现代技术的基础上发展起来的，形成信息技术、空间技术、生物技术、新材料技术、新能源技术和海洋开发技术等六大高技术领域。反映在军事上，使坦克、飞机、火炮、舰艇等常规武器的性能更先进，威力更强大；一代新型武器如精确制导武器、航天武器、智能武器、束能武器等登上战争舞台；先进的 C^3I 系统将发挥重要作用。作战的舞台不仅有陆地、海面、天空，而且波及深海和太空。出现了导弹战、电子战、信息战、心理战等战法，从而形成了高技术战争。

总之，有什么样的科学技术，就出现什么样的武器装备，也就产生什么样式的战争。

为什么说现代战争中的高技术武器装备的能量是高能释放形态

　　一切战争都是交战双方力量（包括物质力量和精神力量）在一定空间和时间内的较量。这些力量，是通过能量释放表达出来的，这种表达能量释放的形式和状态，就称为能量释放形态。

　　我们知道，科学技术决定战争的发展阶段，同样也决定战争中的能量释放形态。不同时代，战争的能量释放形态也不同。

　　古代技术产生了冷兵器战争时代，技术应用只是在刀、枪、剑、戟、棍、弓箭等冷兵器的范围内进行。这些冷兵器杀伤作用的发挥依赖于人、兽等的体能，所以，体能是冷兵器时代能量释放形态的基本形式。战场中两军厮杀，都是两军的体能释放，谁的体能大并且能充分发挥出来，谁就有取胜的可能。

　　近代技术产生了热兵器战争时代，技术应用是在枪炮等兵器的范围内进行。战争双方的有生力量是依靠火药和机械释放的能量体现出来的，所以热能是热兵器战争时代能量释放形态的基本形式。热能是一种化学能和机械能。化学能是火药爆炸瞬间所产生的热能，通常以弹药吨位来计算火力。机械能是马达产生的热能，通常以马力来计算动力。在热能释放形态下，作战双方热能释放的大小往往是衡量军队战斗力的标志。

　　现代技术产生了热核兵器战争时代，其能量释放形态是热能和核能释放形态。核能在释放时，以光辐射、冲击波、贯穿辐射和放射线等形态表现出来，能造成巨大的破坏和杀伤。通常以 TNT 炸药的当量来计算核能的威力。

高技术产生了高技术战争时代，其能量释放形态是高能释放形态。所谓高能，是指高技术兵器所具有的能量，它包括定向能、精确制导能及与高技术相结合的核能等。

激光武器、粒子束武器和微波束武器的杀伤作用分别通过激光能、粒子束能和微波束能体现出来。这三种能都有共同的特点：其发射速度为每秒30万千米；能量释放时，没有巨大的爆炸声，没有弥漫的硝烟，没有污染，类似手电筒照射物体，对着一定的方向，所以称为定向能或束能。

精确制导武器如精确制导导弹、精确制导炸弹、精确制导炮弹等，它们所具备的能与普通导弹、炸弹、炮弹等不同，它能够把能量高度集中，打击敌方重点目标或要害部位。就像气功师运气于一指能将砖头击穿的道理一样，精确制导武器所蕴藏的精确制导能与普通武器蕴藏的热能、机械能明显不同，它的威力相当大。

与高技术相结合的核能，是有控制地释放核能，或赋予核弹以精确制导，提高命中精度。这样的核能释放并不像普通核弹那样滥杀无辜，而是有目的地打击敌目标。

定向能、精确制导能以及与高技术相结合的核能等只有在高技术阶段才能体现出来，所以称它为高能，也称高技术能。现代战争中的高技术武器装备，其能量释放形态是高能释放形态。

为什么说炮兵仍然是现代战争中
陆军进行火力突击的重要力量

炮兵是以火炮和地对地战术导弹为基本装备的陆军兵种。一般包括地面炮兵、高射炮兵和战术导弹部队。因为它具有强大的火力、较远的射程、良好的精度和较高的机动能力，在战争中，能够杀伤敌人的有生力量，击毁敌人的坦克、装甲车、飞机，与敌炮兵作斗争，消灭敌人的机降兵，压制敌人的自动化控制系统，破坏敌军事设施，支援和掩护步兵与装甲兵的作战行动等，并与其他兵种协同作战，成为陆军火力突击的骨干力量。所以，在第二次世界大战中前苏联红军最高统帅斯大林誉之为"战争之神"。在现代战争中，炮兵仍然是陆军火力突击的重要力量。

例如，在1967年6月的第三次中东战争中，虽然以色列夺得空中战场的控制权，但是，阿拉伯国家的炮兵数量远远超过以色列，他们充分发挥了炮兵的优势与以色列军队交战，在各条战线，自始至终运用炮兵火力打击以色列军队。

在两伊战争中，伊拉克军队每个步兵师都配有3个炮兵团，连同坦克上的火炮在内，火炮总数量较多，火力较强。战争一开始，伊拉克充分利用炮兵的优势，对伊朗西部边境地区的哨所、据点和前沿工事，以及靠近里面的一些军事目标，进行了长时间的炮火袭击。在围攻霍拉姆沙赫尔30余天的战斗中，伊拉克军队几乎天天炮轰这个城市，直到对方的防御工事被炮火摧毁后，地面部队才发起进攻。不仅如此，伊拉克与伊朗充分使用地对地战术导弹，展开空前规模的导弹"袭城战"，造成双方重大伤亡。

在海湾战争中，多国部队与伊拉克军队都投入大量的炮兵，激烈争夺

地面火力的控制权。多国部队始终把伊拉克炮兵阵地作为空袭和炮击的主
要目标,为地面部队进攻创造条件。战争期间,多国部队炮兵基本上确立
了对伊拉克炮兵的火力优势,使伊拉克炮兵未能真正发挥作用。伊拉克在
作战地区部署的火炮门数是多国部队的 2 倍。而且,伊拉克军队的火炮射
程远,炮弹杀伤威力大,又有同伊朗作战的经验,具有一定的作战实力,
本来能够用炮兵火力打击多国部队。但是,伊拉克军队没有充分发挥这一
优势,只是组织一些小规模的零星炮击,没有实施大规模的炮兵袭击行
动,失去了地面火力的控制权。

为什么炮火准备是进攻战斗的重要阶段

　　炮火准备与我们平时所讲的准备活动不同，它是一种真正的作战行动。它是在步兵、坦克发起进攻之前，集中炮兵火力对敌军的防御阵地，特别是对突破口上的敌军进行的有组织有计划的火力突击。其目的是破坏敌军的防御设施，瓦解他们的指挥系统，摧毁他们的武器装备，并在敌军设置的障碍物中开辟通路，为步兵、坦克进攻提供方便。因此，它是进攻战斗的重要阶段。

　　例如，在朝鲜战争中，美伪军步兵和装甲兵发起进攻前，先进行炮火准备，时间长短不固定，一般是半小时或2～3小时，根据作战规模确定，上甘岭战役的就长达8小时。金城战役，伪军反扑602.2高地，前一天就进行炮火准备，将我军临时修建的工事摧毁。第二天反扑中，除继续炮击前沿阵地、压制我炮兵火力外，还以密集火力封锁602.2高地与其他高地之间的运动道路，阻止我军增援部队。

　　在第三次中东战争中，炮火准备作为以色列军队进攻作战中的一个重要行动，得到了成功的运用。1967年6月5日23时，约旦战线耶路撒冷方向的以色列炮兵，在新城和斯科普斯山的探照灯照射下，对约旦军队阵地开始了炮火准备，特别是对警察学校和弹药山进行了密集炮火射击，掩护一个旅于6月6日凌晨，突破了希津门和警察学校之间的非军事区，向美国村方向前进。在这条战线的另一个方向萨马里亚地区的战斗中，以色列军队一个旅在占领约旦军队的扎巴比德阵地前，于6月7日零时45分也进行了20分钟的炮火准备。

　　在第四次中东战争中，当埃及军队为了掩护部队强渡苏伊士运河到东

中国人民解放军炮兵集中优势兵力，对敌人实施强大的火力突击

岸同以色列军队作战，首先要压制以色列装甲部队和炮兵的火力。埃及军队几乎调用了全军所有的火炮，沿苏伊士运河西岸展开火炮 1500 余门。1973 年 10 月 6 日下午，首先空军袭击 5 分钟，接着千炮齐鸣，开始了长达 53 分钟的炮火准备，发射弹药 3000 吨。最初一分钟尤其猛烈，每秒钟发射 175 发。结果，以色列军队在巴列夫防线警戒部队的 16 个据点 436 人、48 辆坦克、28 门火炮完全被压制，发挥不了作用。埃军第 2、第 3 军团各一个师，在空军和炮兵的火力掩护下，强渡苏伊士运河，突破巴列夫防线，在运河东岸建立了 5 个桥头堡。与此同时，在北部戈兰高地，叙利亚军队部署了 900 门火炮，对以色列军队进行了 55 分钟的炮火准备，接着叙利亚军队 3 个师分 3 路向戈兰高地实施突击。

为什么在现代战争中要建立炮兵观察网

随着科学技术的发展，火炮的射程越来越远，从几千米增至几十千米。射程的增大对射击方法提出了新的要求，出现了间接瞄准射击方法。采用间接瞄准射击方法时，炮兵能够根据地图或观察员指示的目标位置，在不直接看到目标的阵地上实施射击。这样，便于炮兵阵地疏散隐蔽，安全可靠。出其不意突然袭击敌人，是炮兵的主要射击方法。为此，就必须从地面、空中到太空建立严密灵敏的炮兵观察网，及时搜索观察炮兵攻击的目标及其具体位置，通知炮兵有的放矢。

例如，在1952年秋季的朝鲜战争中，我炮兵部队接到命令后，制订了周密的侦察计划，区分侦察任务，向敌人展开全面、有重点、昼夜不间断的搜索。第12军进攻官岱里战斗前，步兵第34师炮兵室的参谋带两名观察员摸到接近敌人的前沿，观察10余天，有时到达接近敌人前沿20～30米的地方。查清敌人的地堡82个，火力点95处，掩盖交通壕500米等目标的具体位置，给炮兵正确拟制射击计划提供了依据。实战证明，事先的侦察与准备工作越细，炮兵保障战斗胜利就越有力。

在越南战争中，越南南方山高林密，地形复杂，对侦察敌情、指示目标、观察炸点都极为不利。尤其是第一次爆炸点，在茂密的山林之中，炮弹爆炸后，爆烟上升慢，并且逐渐消失，难以准确判定弹着点的偏差量。针对这一特点，为了消除地形对炮兵观察的不利影响，及时掌握敌人的活动情况，越南人民武装部队在战区范围内组织的炮兵观察网，通常由三种观察所构成：一是军区组织的综合观察所；二是在战斗中炮兵组织的观察所，观察空中、地面敌人的活动情况，测定射击距离和方向，观察射击效

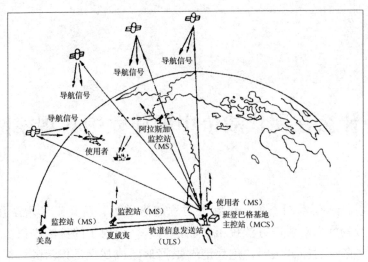

美国全球定位系统（GPS）

果；三是炮兵与步兵共同组织的协同观察所，搞好他们之间的协同，及时支援步兵战斗。

在海湾战争中，美军派往海湾的炮兵部队中，编有 9 个目标侦察连，装备有 AN/TPQ-37 火炮侦察雷达、AN/TPQ-36 迫击炮侦察雷达、活动目标侦察雷达和声测站。他们的炮位侦察雷达能够迅速测定对方多门火炮的发射位置。空中侦察也是美军炮兵的重要侦察手段，通过飞机在空中巡逻，查明对方的地面目标位置。另外，美军还利用卫星侦察手段。他们的导航星全球定位系统由 10 颗卫星组成，定位精度小于 16 米。作战中美军炮兵使用一种手持式定位终端，对炮兵阵地实施精确定位。在沙漠地区作战，流沙经常改变沙漠的地形，又无明显的地形地物可供利用，光靠地图难以判定目标位置。美军利用这种精确定位设备，大大提高了炮兵的射击效果。

为什么说在现代战争中必须千方百计地压制敌方的炮兵

由于炮兵袭击的主要目标是敌军的步兵和装甲兵，因此其中一方为了自己的坦克和步兵作战的安全，就必须千方百计地压制敌方的炮兵。

例如，在第四次中东战争中，以色列军队常以 40％的炮兵火力压制敌方炮兵。以色列军队认为，反炮兵的火力，不一定摧毁敌人的炮兵阵地，但能够比较容易"打哑"敌炮，掩护自己部队的行动。以色列炮兵对正在转移阵地的埃及军队炮兵实施的压制十分有效，而且弹药消耗量小。在适当的阵地上，只要在一分钟内，就能够"打哑"敌人一个炮兵连。以色列军队炮兵打击对方炮兵，通常都抓住敌方炮兵实施阵地转换无法还击的时机，这样可用较少的弹药，较小的损失，打掉对方的炮兵。以色列炮兵实施对敌炮兵射击时，通常派出侦察小组对目标进行搜索并确定具体位置，侦察小组一般由 3 人组成，一名军官，一名通信兵和一名侦察兵，往往在前一天晚上就深入到敌占区内。

在 1982 年的英阿马岛战争中，英军十分重视打击阿根廷的炮兵。虽然阿根廷炮兵的火炮数量和质量并不低于英军炮兵，但是，他们的侦察指挥器材落后，反应速度慢。英军抓住阿根廷炮兵这一弱点，以己之长，击敌之短。实战证明，英军炮兵装备的"辛伯林"式迫击定位雷达比较可靠、有效，它至少发现了 14 处敌军火炮阵地。这些阵地遭到英军炮击后，不敢再进行射击。在斯坦利港外围战斗中，英军炮兵一到，就派出侦察分队侦察阿根廷军队的部署，要求查清 M77 或 155 毫米榴弹炮阵地。为了防止阿根廷炮火袭击，英军炮兵将火炮配置间隔距离加大。由于英军的炮位侦察雷达能迅速测定阿根廷炮兵射击的炮位，"菲斯"射击指挥系统又及时求出各炮射击的精确数据，因此在这次战斗中，全歼阿根廷一个炮兵营，另一个炮兵营的火炮也被摧毁了一半。

然而，在两伊战争中，当伊朗转入反攻后，他们并不重视用炮兵对付炮兵的作用，因而既不像伊拉克那样加强炮兵和近程火箭的火力，又不集中火力压制伊拉克的炮兵火力，结果在反攻作战阶段，突破伊拉克防线时屡屡受挫，吃了大亏。

为什么说火箭炮能给敌人
造成心理上的压力

火箭炮是发射火箭弹的火炮。它发射速度快，火力猛烈，突然袭击性能好，有较好的机动能力和越野能力，发射的火箭弹散布面积大，爆炸声如雷，给敌人以精神上的震撼，造成心理上的压力，在第二次世界大战中发挥了重要作用。

20世纪50年代以来，火箭炮性能明显提高，自动式火箭炮明显增多。采用机动性能较好的底盘，火箭炮公路行驶速度有的达到时速90千米；进入战斗状态有的仅需5分钟，撤出阵地只需1分钟。配用的火箭弹种类日趋多样，有的火箭炮配用的火箭弹有13种，可以完成多种任务。装填火箭弹速度快，装40发火箭弹仅用30～36秒。配备射击指挥系统，缩短了反应时间，提高了射击精度。因此，被广泛地应用在现代战争中。

例如，在苏联入侵阿富汗战争中，1986年，阿富汗抵抗组织运用西方国家提供的远程火箭炮等新式武器，连续取得重大战果，使前苏军在人员、武器装备方面都遭到重大损失。对驻有苏军重兵的首都喀布尔市，抵抗组织先后对该市西部苏军基地、西北部的海尔哈纳区的军事设施、首都机场、情报大楼、弹药仓库等军事目标，用火箭炮进行袭击，给敌人造成心理上的压力。1988年6月阿富汗抵抗组织宣布成立自己的临时政府。他们乘苏军从阿富汗开始撤离、阿富汗政府开始收缩战线之机，加强对首都喀布尔市的火箭袭击。仅在1988年7月，抵抗力量组织每周对喀布尔市的火箭袭击就达200多次。火箭炮的连续猛烈轰击，使喀布尔市内人心惶惶，一些外国使馆纷纷开始撤离家属，减少使馆人员数量。

喀秋沙火箭炮显神威

　　在海湾战争中，美军M270式12管火箭炮，弹头散布面积大，特别适合于沙漠地带作战，可以进行大面积杀伤。M270式12管火箭炮的精度和威力大于伊拉克军队装备的火箭炮，多国部队炮兵充分发挥它的优势，给伊拉克军队的装甲兵部队和炮兵以很大的杀伤。一门M270式12管火箭炮，一次齐射抛出7728枚子弹头，覆盖面积达6万平方米，相当于6个足球场大，最大射程32千米。英军第1装甲师第39重炮团团长说："它对赢得战斗胜利起了决定性作用。"

为什么在现代战争中要
灵活使用炮兵火力

兵无常势，水无常形。历来作战，没有固定不变的模式，只有灵活用兵，才能克敌制胜。在现代战争中，战场情况瞬息万变，使用炮兵火力，更要机动灵活。要根据作战地区的地形、气候、敌人的兵力部署和自己的武器装备等情况合理用兵。抛开战区和作战对象的特点，机械地套用外军的作战理论，就会陷入教条主义的泥潭。

例如，在越南战争中，针对美军火力强、机动快、增援快和破坏战场等作战特点，为了能够打击敌人、歼灭敌人并尽量减少自己的伤亡，越南南方人民武装的炮兵在战斗中采取了行动迅速、快打快撤、火力突然、猛烈的作战原则。1967年1月27日，他们炮击岘港机场时，仅3分钟战斗，歼敌1000余人，击毁各种飞机90多架，敌电子通信中心、仓库、机场遭到严重破坏。15分钟后，当敌人进行报复时，炮兵部队已安全转移。

在第四次中东战争中，阿拉伯军队的火炮数量是以色列军队的2倍多。为了提高火炮的生存能力，避免敌方声测、光测及炮位侦察雷达对炮兵阵地的观测，以色列炮兵认为最理想的办法是打完后马上变换阵地。以色列连一级规模的炮兵分队每天变换阵地次数达12~15次之多，并实施对敌人的观测目标进行轰击，使对方损失火炮近500门。

苏军在侵略阿富汗战争中，充分考虑了地形对炮兵作战的影响，针对不同地形情况，采取了完全不同的用兵方法。除了在阿富汗西南部及南部的丘陵、沙漠、平原地带进行惯用的集中大批炮兵作战外，在大部分山地作战中，通常以营为单位配属给摩托化步兵分队，以支援摩托化步兵分队独立作战。

在海湾战争中，美军炮兵的兵力和火力运用得比较灵活，不拘一格，能针对不同的火力任务，采取相应的行动方式，并创造出一些新的作战方法。如"引诱并转移"的炮战战法，先将多达8个各种口径的炮兵营转移到一起，加强隐蔽，然后引诱伊拉克炮兵开火，用 AN／TPQ－37 炮位侦察雷达测定伊拉克的火炮位置并迅速通知隐蔽的火炮群立即开火，使伊拉克的火炮马上被摧毁。

但是，也有墨守成规招致失败的例子。在第三次中东战争中，阿拉伯军队的炮兵根据苏联式的集中运用原则，射击任务由上一级司令赋予，指挥呆板，射击程序烦琐，常常失去有利战机。

为什么说坦克是现代陆地
战场的 "活动堡垒"

坦克是具有强大的直射火力、高度越野机动能力和坚强装甲防护力的履带式装甲战斗车辆。它是地面作战的主要突击兵器和装甲兵的基本装备，可以在复杂的地形和气象条件下担负多种作战任务，主要用于对敌人的坦克及其装甲战斗车辆作战，也可以压制、消灭反坦克武器和其他炮兵武器，摧毁野战工事，歼灭有生力量。坦克对外能够杀伤敌人，对内能够保护自己，既能前进，也能后退，所以人们把它称为现代战场上的"活动堡垒"。

20世纪70年代以来，由于现代光学、电子计算机、自动控制、新材料、新工艺等高技术的辉煌成就，使得坦克的总体性能有了显著提高，更加适应现代战争的需要。新出现的主战坦克，如苏联的T-72、德国的"豹"Ⅱ、美国的MI、英国的"挑战者"、日本的74式、以色列的"梅卡瓦"Ⅰ型等，在火力、机动性能和防护力上都有了较大提高。以下分别说明。

强大的直射火力。主要武器有120～125毫米口径的高压滑膛炮，或105毫米线膛炮。有的坦克有自动装弹机，可以发射尾翼稳定脱壳穿甲弹、多用途弹、导弹等。脱壳穿甲弹可击穿300～550毫米厚的钢板，多用途弹破甲深度可达500毫米左右，而且兼备杀伤爆破弹功能。辅助武器有7.62毫米并列机枪或12.7毫米高射机枪，有的装有榴弹发射器。普遍装备了数字式计算机及各种传感器、火炮双向稳定器、激光测距仪和微光夜视夜瞄仪器等以电子计算机为中心的火控系统，自动搜索目标、瞄

炮塔　坦克高射机枪　　炮塔门　一炮手夜间瞄准镜
激光测距仪主机　　　　　　　　　　天线
一炮手红外线灯　　　　　　　　　车长红外线灯
驾驶窗门　　　　　　　　　　　　备用机油箱
加油泵箱　　　　　　　　　　　　烟幕筒
坦克炮
外组柴油箱
伪装灯　　　　　　　　　　　　　　主动轮
红外线灯
航向机枪发射孔　　驾驶员潜望镜　　负重轮　火炮工具箱
防浪板　　　　　红外线灯　诱导轮　备用履带板
　　　　　　　　伪装灯　履带　工具及备品箱

坦克的组成

准、测距、射击，提高了火炮首发命中率和坦克夜战能力。

高度越野机动能力。因为发动机功率大，转速快，所以机动能力强。坦克的最大时速50～80千米，越野时速30～55千米，最大行程300～650千米，最大爬坡度约30度，跨越壕沟宽2.7～3.15米，过垂直增高0.9～1.2米，涉水深1～1.4米。多数坦克装有导航装置和随车携带可拆卸的潜渡装置。这样，在战场上，坦克可爬山越岭、渡河跨沟，行走自如。

坚强装甲防护力。坦克的车体和炮塔前部多采用金属和非金属复合装甲，车体两侧挂装屏蔽装甲，从而有效地提高了抗弹能力，特别是防破甲弹穿透能力。坦克正面通常可防御垂直穿甲能力为350～600毫米的反坦克炮弹攻击。为扑灭车内火灾和防止破甲弹穿透装甲后引起车内油气混合气爆炸，车内一般装有自动灭火抑爆装置。为减轻核、化学、生物武器的杀

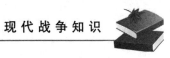

伤破坏，车内安装有防核、化、生的"三防"装置，有的在乘员室的装甲内表面附设有削减中子流贯穿的防护衬层。另外，还配有烟幕装置及其他伪装器材、光电对抗设备等。所有这些防护措施，大大地保障了坦克和车内人员的安全，有利于更好地攻击敌人。

为什么在地面作战中将装甲兵部队
集中使用于主要方向上

　　作战中分主要方向和次要方向。主要方向是对作战全局关系紧要的作战方向。在主要方向上必须集中主要兵力，形成重点打击力量。次要方向是对主要方向起配合和辅助作用的作战方向。在次要方向作战的部队，应该以积极的作战行动歼灭、消耗和箝制敌人。装甲兵是以坦克、步兵战车、装甲输送车等装甲战斗车辆和各种保障车辆为武器装备的兵种，是地面作战的主要突击力量。因此，在地面作战中，无论是防御，还是进攻，都应该将装甲兵部队集中使用于主要方向上。

　　例如，1943年博尔霍夫战役中，苏联红军西方面近卫第11集团军近卫步兵第16军在主要方向上的7千米地段上集中了156辆坦克，占总数的91%。1944年雅西—基西涅夫战役中，苏联红军乌克兰第三方面军在主要方向上集中使用了全部的坦克。

　　在朝鲜战争中，自从转入防御阶段以后，我军始终保持有4个坦克团参战，这些坦克部队都被加强到第一梯队的步兵军，担任防御作战任务。步兵军在得到坦克部队加强后，全部配属在主要方向上。如在开城方向上的步兵65军，在得到一个坦克团的加强后，该军将这些坦克全部配属给了主要防御方向上的步兵193师。

　　海湾战争中，美军将伊拉克的共和国卫队视为萨达姆的权力支柱，认为打击共和国卫队，就可以使伊拉克军队失去平衡，彻底丧失战斗力。因此，把攻击共和国卫队作为主要方向。首先，在空袭作战中就对他们实施了重点打击。其次，多国部队将大部分师都编入一线作战。在进攻的主要

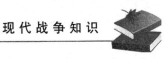

方向上集中了 6 个师的兵力，其中有 4 个装甲师和 1 个重型机械化师。特别是将美军的王牌军第 7 军使用在主要方向上。第 7 军的第 1、第 2、第 3 装甲师，原来是部署在欧洲战场上的重型装备师，装备了世界上最先进的坦克，能在核、化学条件下实施高速进攻。在地面进攻作战中，担任主要方向攻击任务的部队，依靠其强大的装甲兵力量，高速前进，直接逼近共和国卫队基地，迫使他们离开阵地，在开阔地区与多国部队交战。多国部队又利用装甲部队的强大火力，对共和国卫队狠狠地打击，从而导致伊拉克在海湾战争中彻底失败。

为什么在现代战争中用坦克能够有效地打击敌方的坦克

战争中要学会保存自己，消灭敌人。坦克从 1916 年问世以来，经历了轻型坦克、中型坦克、重型坦克和主战坦克几代更新，研制人员一直想方设法加强坦克的防护措施，确保坦克本身和乘员的安全。然而，武器发展历史表明，没有对付不了的武器装备，没有摧毁不了的堡垒。坦克的敌人之一就是它的本家兄弟——坦克。

1973 年 10 月爆发的第四次中东战争，是一场典型的现代战争，以色列与阿拉伯国家双方都投入了大批先进武器装备。其中，埃及、叙利亚等阿拉伯国家参战的坦克为 3800 余辆，以色列参战坦克共有 1600 辆，双方展开了一场坦克大战。结果，阿拉伯国家损失坦克近 2000 辆，以色列损失坦克约 900 辆。显然，以色列损失坦克较少。以色列认为"打坦克的最好武器是坦克"。

以色列非常重视坦克炮的性能，他们的主战坦克"百人队长"和 M—60A1 式都采用 105 毫米坦克炮，其他坦克也都改装为 105 毫米坦克炮。坦克炮射击俯角达 10 度，适合于在波浪起伏的沙漠地带作战；坦克炮射程较远，最大射程比埃及和叙利亚的坦克远 700 米左右；炮弹穿甲能力强；采用光学测距，射击迅速准确。以色列军队利用这些优势，将坦克隐蔽在沙丘后面，突然开火打击对方，或在对方坦克炮射程之外进行炮击。另外，以色列军队配置在固定阵地上的坦克，都构筑坚固的工事，有利于隐蔽射击和突然出击。

在西奈半岛战线，当埃及军队向哈特米亚、吉迪和米特拉 3 个山口发

起大规模进攻时，以色列军队就利用隐蔽在工事内的坦克准确瞄准对方坦克发射炮弹，结果摧毁埃及军队 200 余辆坦克。在戈兰高地，以色列出动 180 余辆坦克，在步兵协同下，对叙利亚军队的 800 辆坦克展开了一场激战，大量地摧毁了叙利亚军队的坦克。

由此可见，坦克以其强大的火力和高度的机动能力，再采取灵活的战术，就能够有效地对付敌人的坦克。

为什么在现代战争中装甲兵的战斗
行动离不开其他军兵种的支援

　　现代战争高度立体化，只有各军兵种密切合作，才能形成巨大的整体力量，对敌人进行狠狠的打击。装甲兵的战斗行动也如此，它需要得到步兵、炮兵、工程兵、空降兵、航空兵等的支援。

　　在坦克的视野、射击范围受到限制的情况下，装甲兵和步兵密切合作，可以有效地对抗敌人的反坦克武器。尤其在单兵有肩扛、手提的轻便反坦克武器以后，它使步兵成为坦克进攻作战的先导和掩护坦克作战不可缺少的重要力量。步兵还能给坦克指示目标、巩固坦克占领的阵地，以及护送损坏的坦克等。为了减少敌人反坦克导弹的威胁，装甲兵的进攻还要与炮兵紧密合作。另外，敌人在坦克前进的道路上，可能埋设大量地雷，对坦克威胁很大，需要工程兵及时排除。地面装甲兵的作战行动也需要空中火力支援，实施"空地一体"作战，使敌人掘壕固守的阵地难以发挥作用。

　　在伊拉克同伊朗对抗的两伊战争中，战争初期，伊拉克派遣很少步兵支援坦克作战，结果装甲车辆很快就被对方步兵击毁了。

　　在第四次中东战争中，埃及军队渡过苏伊士运河到达东岸以后，立即以反坦克火箭、反坦克导弹等巩固了桥头阵地，形成一道反坦克地带，每千米反坦克武器达 55 具。埃及军队的反坦克武器利用掩体、沙丘等隐蔽，坦克炮对这些反坦克武器无能为力。针对埃及军队的进攻，以色列军队不组织步兵和炮兵支援，让坦克孤军冒进，结果大量坦克被毁。

　　海湾战争中，多国部队通过空中袭击，摧毁了伊拉克军队大量的防御

空军支援装甲兵的战斗行动

工事和障碍，严重削弱了伊拉克前线部队的作战能力，为地面进攻创造条件。当地面发起进攻时，美军与英、法及阿拉伯部队之间协调一致，军兵种之间互相支援。工程兵在空军、炮兵火力支援下，迅速排雷，破除障碍，开辟通路；机降、伞降配合地面装甲部队进攻，坦克、装甲车在空军和攻击直升机支援下，快速向纵深攻击，充分发挥了整体协同作战能力。

为什么说通信兵是"科学的千里眼和顺风耳"

通信兵是军队中担负通信联络任务的兵种，是军队战斗力的重要因素。它能够通过有线电或无线电等携带文字、符号、声音、图像等军事信息，越过高山、跨过海洋、穿过天空，迅速、准确、秘密、不间断地进行传输，对赢得战争的胜利，起着重要的作用。因此，毛泽东同志曾称誉通信兵是"科学的千里眼和顺风耳"。

通信联络的手段很多，有无线电通信、有线电通信、光通信、运动通信和简易信号通信等。在战争中，将这些手段综合运用，确保作战指挥顺畅。

在现代战争中，由于科学技术的迅速发展，武器装备的不断更新，战争的突然性和破坏力空前增大，情况变化急剧，战机稍纵即失，战场空间扩大，军队的指挥与协同动作更为复杂，加之电子技术的广泛运用，敌我双方斗争日益尖锐，如果没有顺畅的通信联络，就谈不上作战指挥和协同，更谈不上战争的胜利。

例如，在英阿马岛战争中，英军在阿森松岛建立了通信中心。当通信部队、后勤保障部队和作战补给物资迅速向南开进，准备支援集结的特混舰队的阶段，这个通信中心与英国本土和前方大批舰队进行了大量的无线电通话和电报通信，对最高统帅部及时了解前方情况，研究对策和实施正确的作战指挥发挥了重要的作用。

在海湾战争中，美军为了满足战争的需要，在太空，组成以军用和商用卫星相结合的"天网"通信系统；在空中，用预警机和指挥机组成"空

网"通信系统；在地面，用车载指挥中心等组成"地网"通信系统；在海上利用舰载通信设备组成"海网"通信系统。各通信系统互相联接，陆、海、空、天四通八达，形成灵敏的通信网络。美军在海湾战争中的通信保障工作，组织计划快、信道建立快、信息传递处理快，比较好地保障了作战的需要。美军伞兵使用卫星通信设备，空降着陆后 5 分钟就可以沟通联络。美国总统布什，向远离美国 1 万多千米的海湾前线部队下达命令和指示，只需要 1～3 分钟就可以传到。美国的地面部队利用背负式电台，能将前沿阵地的情况传到指挥中心，指挥官能够做到心中有数地指挥作战。

为什么无线电通信是现代
战争的主要通信手段

　　无线电通信是通过电磁波传输电话、电报、图像、数据等信息。它传递的速度快，每秒钟行走30万千米；传输信息比较可靠，能保持原来的模样；使用比较方便等。无线电通信建立迅速，便于机动，能同运动中的、方向不明的以及被敌人分割或被自然障碍阻隔的部队迅速建立通信联络。在对飞机、舰艇、坦克等运动目标进行指挥时，甚至是唯一的通信手段。因此，它是现代战争的主要通信手段。

　　例如，在越南战争中，由于地形复杂，部队调动频繁，越南南方人民武装通信兵树立以无线电为主的思想。营连之间使用超短波步话机，团营之间、团与独立执行任务的小分队之间，使用1～2瓦短波报话机，团以上部队使用15瓦短波电台。

　　苏军侵占阿富汗后，把全国划分为9个军区，以无线电通信为主，沟通各地苏军相互间的联系。苏军各军区指挥所还可用卫星通信线路经帖尔梅兹同莫斯科联系。

　　英国于70年代发射了代号为"天网"的卫星通信系统，供陆、海、空三军及政府使用。该卫星定位于印度洋上空，通信覆盖面达不到南大西洋的马岛战区。为了满足英阿马岛战争的需要，英国同美国协商，借用美国的国防卫星通信系统，保证统帅部能及时可靠地指挥特混舰队和准备登陆的部队。

　　在海湾战争中，以美国为首的多国部队在作战时，主要是靠无线电手段实施通信联络的。其中在海湾地区上空部署了12颗通信卫星，美国通信

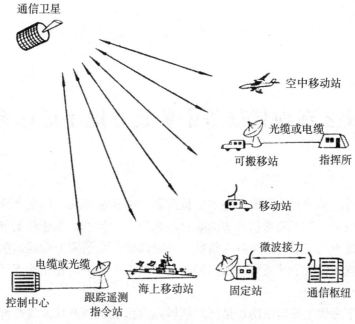

军用卫星通信系统组成示意图

局与驻沙特阿拉伯美军的通信业务，90％通过卫星电路处理，海军远程通信95％是通过舰艇通信卫星实施的。同时，美军为部队紧急配发了2700多部新一代无线电台，作为前方的主要通信装备，发挥了重要作用。海湾战争再一次告诉我们，在现代战争中，特别是在高技术战争条件下，更应该以无线电通信为主。但是无线电通信也有不少弱点，如它暴露在外容易泄密，容易受干扰等，因此，在强调以无线电通信为主的同时，不能否定和忽视有线电通信和其他通信手段的作用。例如，在战争没有打响之前，或者战场环境相对稳定的情况下，使用有线电通信更为有利。所以，要以无线电通信为主，多种通信手段相结合，形成一个有机的整体。

为什么在现代战争中要建立地下通信系统

随着科学技术的发展，特别是核武器、精确制导武器的出现和电子战的广泛应用，对军用通信系统的威胁越来越大。为了增强通信系统的抗毁能力、抗干扰能力和防止敌人侦察，保障通信系统的安全和通信联络的顺畅，适应现代战争的需要，人们将通信系统转入地下，建立地下无线电和有线电通信系统。

地下无线电通信系统，是将收信机和发信机设备及其天线全部设置在地下坑道、工事或矿井内的无线电通信。地下无线电通信利用电磁波透过地层传递信息，具有隐蔽和抗毁的优点，在军事上可作为一种应急通信手段来应用。

地下有线电通信系统，是将通信电缆和光纤埋入地下，建立四通八达的通信系统。这种通信系统的通信容量大，通信质量高，性能稳定，保密性、抗毁性都比较好。特别是光纤通信，它利用光导纤维(简称光纤)传输信息，不仅可以传输语言、文字、数据，而且可以传输电视图像。它的通信容量很大，据理论计算，一根光纤可通100亿路电话或1000万套彩色电视。光纤的原料是石英，在地球上蕴藏量极为丰富。1千克的石英可以拉制1000千米长的光纤，而要生产容量相同的1000千米同轴电缆，则需要500吨铜和2000吨铅。同时光纤的体积小，重量轻。它不受电磁干扰，保密性能好。激光在光纤中传输是全折射的，不存在光的辐射和泄漏，不易被敌人窃收。当外部核爆炸时，电磁和光信号也不能进入光纤造成干扰。光纤不受气象变化影响，抗腐蚀，不怕潮湿。因此，光纤通信具有广阔的应用前景。

第二次世界大战后，美苏等国都投入大量的人力、物力从事地下无线电通信的研究和应用。60年代初，美国已在"大力神"导弹基地及"民兵肥导弹基地建立了地下控制中心与发射井之间的无线电通信；1966年，北美防空司令部在夏延山500米深的花岗岩下建成了综合作战指挥中心，进行无线电通信。

早在1866年，第一条横跨大西洋的海底电报电缆就已敷设成功。尔后，各国纷纷建立地下有线电通信系统。我国在20世纪60～70年代，建成了具有一定规模的军用地下电缆通信网。80年代进一步完善，使军用有线电通信网成为军事通信网的主要组成部分。1994年10月19日，新加坡政府官员宣布，世界上最长的海底光纤电缆当日在新加坡开通。这条花费7亿美元、被称为SEA-ME-WE2号的海底电缆，横贯东南亚、中东、西欧，全长1.89万千米，联结13个国家，所经地区的人口约20亿，占当时全球人口的1/3以上。

在海湾战争中，由于多国部队长时间连续的大规模轰炸和电子战袭击，伊拉克的地面指挥系统基本瘫痪。但是，伊拉克军队依靠多年建成的地下通信系统，仍然能够指挥部队作战。设在巴格达市地下的指挥所地道长达数千米，通信设施将地下指挥所同北部地区的隐蔽所连接起来，并设置了计算机系统和电报、电话通信系统。在巴格达市遭到轮番轰炸的情况下，萨达姆总统通过地下通信系统与伊拉克军队保持联系。由此看来，在现代战争中，建立地下通信系统是多么的重要。

为什么现代战争离不开伪装

军事伪装，就是为隐蔽自己、欺骗和迷惑敌人所采取的各种隐真示假借施。目的在于降低敌人侦察器材的侦察效果，提高己方目标的生存力，增强部队的战斗力，使敌人对己方军队的行动、配置等产生错觉，造成指挥上的失误，从而保持己方军队行动自由，最大限度地发挥兵力兵器的作用。根据伪装在战争中所起作用和运用范围，可分为战略伪装、战役伪装和战术伪装。战略、战役伪装是指对军事战略全局和战役的企图、行动及其他重要目标采取的综合伪装措施。战术伪装是指对战术兵团、部队的人员、兵器车辆、工程设施和部队配置、行动及战斗企图采取的综合伪装措施。

例如，在海湾战争之前，伊拉克军队为了进一步加强防护，提高生存力，就采取了大量的伪装措施。他们从国外进口了几十万平方米性能先进的反雷达、反红外侦察伪装网，对重要目标进行遮盖，并在目标上方或附近修建其他掩护性建筑物，以达到隐蔽真目标的效果。在临战之前或战争中，伊拉克大量设置假目标并不断改变假目标的位置。他们还用塑料、硬纸板、木板和铝板，制造了大量的假飞机、假坦克、假火炮和假导弹等，涂上与真目标一样的涂料，并在内部安装与真目标反射频率一样的发射器，使对方难辨真假。另外，他们战前还从法国、意大利等国购买了大量的充气坦克、充气战车等制式假目标；花费几十万美元从西方购买了一批卫星照片，根据照片反映出的本国军事部署情况，把真的目标调走，用假的目标伪装。这样，大大迷惑了多国部队，他们轰炸的伊拉克军事目标，80％是假的，使伊拉克军队保存了一些武器装备。多国部队也是如此，为

正在给汽车布撒伪装网

着81式伪装服的中国士兵

了提高在沙漠地区的隐蔽效果，除采用沙漠伪装服、沙漠伪装网进行伪装外，还在车辆上涂沙漠伪装图案。

为什么说在现代战争中有效的工程支援是通向胜利的保证

工程兵是担负工程保障任务的兵种，是现代战争中的一支重要力量。它逢山开路，遇水搭桥，构筑工事，开设渡场，布雷扫雷，排除障碍，实施伪装，保障供水等，为通向战争的胜利，开辟了一条顺畅大道。

例如，在朝鲜战争中，我工程兵面对种种困难，在极端险恶的环境中夜以继日地奋战，为取得战争胜利立下了不朽的功勋。1950 年 10 月，敌人侵占了朝鲜楚山，鸭绿江桥已被敌机、炮火封锁，阻止我志愿军出国援朝。为此，上级调志愿军工程兵 14 团赴鸭绿江，首先冒雨抢修辑安渡口两座桥梁，接着又在辑安、临江架设 60 吨水面下桥。此后经常保持一个工程兵团的兵力，执行维护、抢修安东（现称丹东）、长旬河口、辑安等处鸭绿江上桥梁的任务，保障志愿军部队及大批物资陆续过江出国。1952 年，在举世闻名的上甘岭战役中，敌人使用了大量的步兵、炮兵、坦克和航空兵对志愿军阵地疯狂轰炸，把土石打松 1 米多深。在这样恶劣的环境中，历时 38 天，我志愿军利用工程兵修建和维护的坑道等做防护，与敌人反复争夺 39 次，迫使敌人付出惨痛的代价。1953 年 2 月，敌机轰炸清川江、大宁江渡口 29 次，出动飞机 1700 余架次，投弹数百枚，每个弹坑填土就需要 50～60 立方米。为了保障交通畅通，我工程兵经常在破坏严重的地段驻守兵力，甚至在受敌机威胁的情况下进行突击作业。3 年的朝鲜战争，敌人掌握制空权，对我桥梁、渡口、交通要道进行严重破坏，同时朝鲜天气对交通影响很大，冬季冰天雪地，春夏道路泥泞，秋季洪水泛滥。在这样艰苦的环境中，我工程兵始终保障交通四通八达。

坚守在坑道里的志愿军正在向敌人射击

　　在第四次中东战争中，埃及工程兵为突破以色列建立的"巴列夫防线"立下了汗马功劳。而以色列工程兵在戈兰高地设置的防坦克壕和防坦克地雷场，为阻止和打击叙利亚军队创造了有利条件。叙利亚军队损失近千辆坦克，不但没有收复戈兰高地，反而又丢失了400余平方千米的土地。

　　在海湾战争中，在地面战斗打响之前，美军地面部队2个工程兵旅11个工程兵营和其他临时加强的工程兵部队，以及空军和海军的工程兵部队，共计为5万余人，全力以赴投入各项工程准备中去，只用了很短时间，就在沙特阿拉伯、科威特边境一线建成多个军事基地，紧急扩建和改装了一批军用机场、直升机起降场和港口，构筑了几百千米长的军用道路，建成了数十座兵营，并在干旱缺水的沙漠中解决了全体官兵的战时用水问题。据统计，截至1991年2月9日，就构筑了2900个直升机起降点，2400千米长的军用道路，7个简易机场。为了防止伊拉克军队偷袭和骚扰，还在前沿布设了大片地雷区和其他障碍物。地面战斗打响以后，多国部队的工程兵为彻底粉碎"萨达姆防线"和保障部队快速前进做出了很大的贡献。

为什么在现代战争中许多号称
攻不破的防线也能被攻破

　　雄伟的万里长城，在古时候对于防御异族入侵、保障中原的安全起到了重要作用。然而，在现代战争中，由于武器装备的威力增大，许多号称攻不破的防线也能被攻破。以色列建立的"巴列夫防线"和伊拉克建立的"萨达姆防线"毁之于一旦，就是典型的例子。

　　第三次中东战争以后，以色列为了长期占领西奈半岛，于1969年开始，在苏伊士运河东岸建立了举世瞩目的"巴列夫防线"。该防线以当时以色列的陆军参谋长巴列夫中将的名字命名。"巴列夫防线"是依托苏伊士运河这个天然障碍，在运河东岸的沙堤及沙堤东侧构筑了30多个坚固的据点，每个据点约为200×300平方米，有瞭望塔、掩蔽部、居住间、空气调节和滤毒设备等，样样齐全。据点周围设置地雷场和铁丝网，配置一个步兵排至半个步兵连和一个坦克排，有机枪、火炮、迫击炮等各种火器，可向任何方向射击。以色列还将运河东岸的沙堤加固至10～12米高，沙堤中埋有储油罐和通向运河的输油管，必要时放出石油，用电点火，形成人工火海，阻止埃及军队过河。在它的后面还设有第二道、第三道防线。整个"巴列夫防线"，全长170千米，纵深约为10千米。其中，以色列军队还设置了若干"霍克"防空导弹阵地和机场。以色列自信地认为，面对这些障碍，埃及军队任何时候渡河都将在24小时内被消灭。然而事与愿违，埃及军队经过长期的准备，于1973年10月5日夜间，先派遣一支潜水突击小组，秘密泅渡过河，切断和堵塞了以军布设的油管，占领油库，致使战斗打响以后，以军没有点燃一个油管，为渡河作战创造了有利条件。10

月6日下午2时，战斗打响了，埃军出动了200架飞机、2000门火炮袭击以军在西奈半岛的一些重要军事设施，步兵突击队渡河进入对岸占领立足点，接着工程兵过河，用高压水龙头冲刷沙堤，打开缺口，用推土机作业，为架设浮桥铺垫基础。浮桥架成后，大批部队过河，彻底摧毁了"巴列夫防线"。

在海湾战争中，伊拉克为了加强地面作战的防御，阻止多国部队的进攻，利用近5个月时间，在伊拉克和沙特阿拉伯边境及科威特和沙特阿拉伯边境，构筑了长240余千米，纵深达10千米的"萨达姆防线"。其中包括3~4米高的沙堤，布设50万~60万颗地雷的雷场，可以缠绕装甲车辆履带的坚硬铁丝网，深4~5米、宽3~4米的防坦克壕，以及大量的地下和半地下掩体工事。伊拉克军队还从科威特将石油管道铺设到前沿阵地的防坦克壕中，内部灌满石油，以便在地面战争发起后，形成火海，阻止多国部队前进。伊拉克总统萨达姆满以为这道防线固若金汤，坚不可摧。但是，地面进攻开始后，多国部队首先出动B－52战略轰炸机，A－10攻击机和"旋风"式攻击机以及远程火炮对伊军的防御工事和雷场进行了猛烈的轰炸和炮击，不仅消灭了一部分伊军的防御部队，摧毁和诱爆了相当一部分地雷，而且压制了伊军的直瞄火器，为多国部队的工程兵在障碍区中强行开辟道路创造条件。美军工程兵用165毫米爆破火炮向沙堤发射爆破弹，在沙堤上炸开4个缺口；接着各种战斗工程车和带推土铲的主战坦克继续向前运动，推动沙土填平防坦克壕，或在防坦克壕上架设冲击桥；克服反坦克壕后，迅速运用"大腹蛇"等扫雷系统在铁丝网和地雷场中开辟通路；最后，安装在战斗工程车上的扫雷犁清除通路中没有引爆的地雷，为坦克部队对伊军防御阵地发起攻击扫平了道路。海军陆战队在第一天就迅速向前推进50千米。"萨达姆防线"从而彻底崩溃。

为什么在现代战争中要建立
一支强大的海军

当今世界，帝国主义、霸权主义者到处侵略、干涉其他国家，搅得世界不得安宁。为了维护国家统一和领土完整，制止和防御敌人从海上入侵，保卫领海主权，维护海洋利益，执行国家海洋政策等使命，沿海国家必须建立一支强大的海军，才能适应现代战争的需要。现代海军的任务十分重要，主要表现在以下几个方面：

一是保卫海军基地、港口和沿海重要目标。海军基地、港口和沿海重要目标地处前沿，是大陆的门户，也是防御敌人从海上入侵的重要根据地。敌人从海上实施大规模入侵，通常首先夺占沿海基地、港口，控制要地，尔后向内陆大举进攻。因此，组织力量反袭击，保护海军基地、港口和沿海重要目标，成为海军的一项重要任务。

二是破坏敌人海上交通线。现代战争物资消耗巨大，交通线将成为军队部署中的要害。特别是远渡重洋作战，海上交通是运送物资的基本渠道，将有大批运输舰船执行输送任务。因此，破坏敌人海上交通线将起到釜底抽薪的作用，从而瓦解敌人的战斗力。

三是袭击敌人的基地、港口和岸上重要目标。敌人的海军基地、港口、机场和陆上或近纵深的重要目标，是敌人海军兵力屯驻、活动的主要场所，也是敌人发动侵略战争的出发地和重要根据地。因此，组织适当的海军兵力对其进行袭击，既可以消灭敌人的有生力量，又可以牵制敌人，打乱敌人的作战行动。

四是进行登陆作战。为了收复被敌人侵占的岛屿和沿海地区以及其他作战目的，可能使用海军兵力单独或协同陆军、空军进行登陆作战。在三军协同实施登陆作战时，海军兵力主要担负夺取制空权和制海权，进行火力支援、扫雷破障、输送登陆兵上陆和海上运输等任务。

五是进行抗登陆作战。当敌人从海上入侵进行大规模登陆时，海军的主要任务，就是在远海或近陆海区，积极主动地打击敌人登陆输送舰船和战斗舰艇，协同陆军坚守岛屿、要塞和濒海地区进行抗登陆作战。

六是进行海上封锁和反封锁作战。为了控制作战海区内的重要海峡、水道和作战海区的制海权，往往要对敌人进行布雷封锁、兵力封锁等海上封锁作战，用以限制敌人舰艇的行动自由；同样，为了打破敌人对我进行的海上封锁，也要进行海上反封锁作战。

我国海军自 1949 年创建以来，在党中央、中央军委领导下，在保卫祖国海边防斗争中，不断发展壮大，目前已成为一支由多兵种组成的军种。随着国民经济和现代科学技术的发展，海军也将在现有基础上得到进一步发展壮大，将逐步成为一支强大的具有现代作战能力的海军。

为什么说现代海军是技术装备
比较复杂的合成军种

现代海军，是由多兵种组成的技术装备比较复杂的合成军种。各兵种的特点不同，担负的作战任务也不同。现代海军主要包括水面舰艇兵力、潜艇兵力、海军航空兵、海军岸防兵和海军陆战队等。

（1）水面舰艇兵力。它是海军的基本兵种，也是海军兵力中类型多、武器和技术装备复杂、能执行多种任务的兵种。水面舰艇，分为战斗舰艇和勤务舰船两大类。战斗舰艇包括航空母舰、巡洋舰、驱逐舰、护卫舰、导弹艇、鱼雷艇、猎潜艇，以及执行专门任务的布雷舰艇、扫雷舰艇和登陆舰艇等。勤务舰船包括运输船、救生船、修理船、破冰船、油船、水船、医院船、拖船等。

（2）潜艇兵力。它是海军的一个兵种，主要在水下进行战斗活动，是海军的主要突击兵力之一。现代潜艇按任务区分，有战略潜艇和攻击潜艇；按动力区分，有核动力潜艇和常规动力潜艇；按武器装备区分，有弹道导弹潜艇、飞航式导弹潜艇和鱼雷潜艇等。

（3）海军航空兵。它是海军的一个兵种，也是海军的基本突击兵力之一。海军飞机是海军航空兵的主要装备，飞机的种类繁多。按活动基地可分为岸基飞机、舰载飞机和水上飞机；按担负的任务可分为轰炸机、强击机、歼击机、直升机、侦察机、运输机、预警机、加油机、电子干扰机等。另外，还有高炮、地对空导弹、雷达等防空部队，以及其他专业部队。

（4）海军岸防兵。海军岸防兵是海军部署在沿海重要地段，以火力参加沿海防御作战的兵种，是海岸防御的火力骨干。它是由海岸导弹部队和海岸炮兵部队编成。

（5）海军陆战队。它是以执行两栖作战任务为主的一个兵种，是一支由各种兵力合成，既能海战，也能陆战的两栖作战部队。装备有便于进行两栖作战任务的武器、装备和器材；组成人员都经过严格的专业训练和适应性训练。因此，有较强的突击上陆能力。

随着科学技术的发展，海军的技术装备将得到不断改善，还会出现新的兵种。这样，使海军的力量更加强大，在现代战争中将发挥更重要的作用。

为什么现代战争中海上封锁
与反封锁作战越来越重要

浩瀚的海洋，对于人类的生存和发展有着至关重要的作用，它为人类提供众多的资源、动力和交通便利，更是一些濒海国家的门户。因此，在现代战争中，交战各方争夺海洋控制权的斗争越来越激烈，从而使海上封锁与反封锁作战越来越重要。

海上封锁作战，就是军队对某一特定海区或海上通道进行严密控制，持续隔绝敌方某些基地、港口、海岸、岛屿或海域同外界海上联系的作战。目的是限制敌人在海上的军事活动，剥夺他们的行动自由，使他们孤立无援；或者破坏敌人海上的经济活动，削弱他们的战争潜力，动摇他们的战争基础，最后将敌人打败。例如，1972年美国侵略越南时，就用水雷和兵力封锁了越南北方和南方的沿海地区，并用舰炮对海岸目标进行有组织的射击。美国海军主要使用A-6A、A-7E舰载机实施布雷，从当年的5月9日到12日封锁了海防、鸿基、锦普、会江四大港口；5月12日到14日封锁了沿海各省出海口。美国海军为了切断友好国家对越南的物资运输，阻止越南北方对南越人民武装力量的支援，达到海上严密封锁的效果，在大规模布雷的同时，使用兵力封锁。他们把封锁海区分成若干个分区，在每个分区，有一个舰群行动，检查来往的船只，在某些情况下将船只击沉。在海上封锁初期，越南的海上运输基本被切断，26艘外国轮船被封锁在海防港内，各国的支援物资无法进港，向南方运送作战物资十分困难，因此南方的进攻被迫缓慢下来。这段时间，越南共损失各种船只73艘，运输量减少到被封锁前的3%左右。

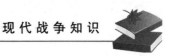

　　海上反封锁作战，是针对海上封锁所进行的作战行动。它是使用海军兵力单独行动或在其他军兵种支援配合下，打乱敌方的海上封锁部署，保障己方舰船的安全和行动自由。例如，1973 年 10 月第四次中东战争，以色列面对埃及严密的海上封锁，一方面投入一定数量的海军兵力，每天夜间对埃及军队在杜姆亚特至阿拉曼之间的沿岸目标不断进行攻击，袭击港内舰船和岸上设施，牵制埃及海军力量；另一方面使用先进的导弹艇在海上打击埃及海军力量，从而夺取了制海权，破坏了埃及的海上封锁线。

　　海上封锁与反封锁作战在 1982 年的英阿马岛之战和 1990 年的海湾战争中都有出色的表演，充分说明了它在现代战争中的重要地位。

为什么海上封锁与反封锁作战
组织协同动作十分复杂

　　乐队在演奏时，各演奏者只有密切配合、协调一致，才能演奏出优美动听的乐曲来。否则，各吹各的号，各弹各的调，就会发出一片噪声，收不到应有的效果。由此可见，乐队演奏有一个协同动作问题。

　　在现代战争舞台上，协同动作更为重要，并且相当复杂。海上封锁与反封锁作战，参战军兵种多，兵力配置分散，武器装备性能不同。特别是在作战中，敌我兵力通常在广阔海区进行犬牙交错的较量，敌我之间都力图破坏对方的协同动作来达到自己的进攻或防御的目的，这样给组织协同动作带来很多困难。

　　海上封锁作战的协同任务很多，有海上封锁作战与其他相关作战（如陆战等）之间的协同；封锁兵力与掩护兵力之间的协同；障碍封锁（如水雷封锁等）与兵力封锁（如各种舰艇、飞机封锁等）之间的协同；交接班兵力之间的协同，以及空中、水面、水下各种封锁兵力之间的协同等。海上反封锁作战的协同内容也很丰富，有各军兵种之间的协同；打击同一个目标时，按区分地域及时间组织协同；同时打击两个以上目标时，按不同目标组织协同；尤其要组织好水面舰艇与航空兵，水面舰艇与潜艇、对空火力与航空兵、岸炮火力与舰艇、障碍器材与机动兵力、掩护兵力与运输舰船之间的协同，否则的话，就可能自相残杀。例如，在海湾战争中，美国、英国、法国、加拿大、德国等13个国家的海军舰艇共80余艘，舰载飞机300多架，在阿曼湾和波斯湾、红海、东地中海三个方向上建立了长达4000海里、海域约25万平方海里的严密封锁区。他们通过海洋侦察监

舰艇、飞机协同作战

视系统和战场 C^3I 系统对不同国家的不同军兵种、不同武器装备所组织的协同动作，基本协调一致，使海、陆、空、天连为一体。

然而，在组织实施中，稍有不慎，就可能导致协同动作失调。例如，美国自 1987 年 7 月 22 日正式介入伊拉克同伊朗的"两伊战争"之后曾对伊朗的海上封锁展开针锋相对的斗争，尽管组织协同动作相当周密，但是也出现一些纰漏。1988 年 7 月 3 日，美国海军"文森斯"号巡洋舰误将伊朗航空公司的一架 A-300 型"空中客车"作为 F-14 战斗机击落，造成机上 290 名旅客和机组人员全部死亡，就是因为他们的指挥系统不能正确识别敌我目标，使组织协同动作失灵。

为什么说高技术武器装备为
海上封锁与反封锁作战提供了有力的保障

　　在冷兵器时代，海上封锁与反封锁作战主要是集中桨船队在港口、航道很近的距离上进行的，使用的武器有弓箭、长矛、大刀等冷兵器，作战半径小，仅限于海面上；热兵器时代，随着帆船舰队的出现和枪炮的使用，海上封锁与反封锁作战的规模增大，时间延长；热核兵器时代，帆船舰队被装甲舰队取代，水雷、鱼雷、飞机、潜艇和无线电侦察、通信器材的运用，海上封锁与反封锁作战向远程、立体和多种方式综合运用的方向发展，海军航空兵已发展成为海军的一个重要兵种，成为海上封锁与反封锁作战的重要力量。

　　高技术兵器时代，随着电子技术、航天技术、精确制导技术、深海技术等的不断发展，为海上封锁与反封锁作战提供了先进的武器装备。水面舰艇向着大吨位、远续航能力、综合作战能力强的方向发展。如美国和

美国"尼米兹"级航空母舰

苏联"光荣"级导弹巡洋舰

美国改装后的"艾奥瓦"号战列舰

苏联"台风"级核动力战略导弹潜艇

苏联的大型核动力航空母舰的排水吨位保持在6万～10万吨，续航力可达40万～50万海里以上，其他国家的水面舰艇的排水吨位也都在增大；巡洋舰的排水吨位可达2.8万吨；驱逐舰的排水吨位可达7000～8000吨；护卫舰的排水吨位可达3000～4000吨；导弹快艇、护卫艇的排水吨位也可达到600～700吨。排水吨位上去了，续航力也就增加了，这样就能在海上较长时间地连续作

中国"051"型导弹驱逐舰

中国"053H2"导弹护卫舰

战。核动力巡洋舰的续航力超过4万海里，大约可以连续航行绕赤道2圈。由于水面舰艇增加了排水吨位和续航力，它对舰艇和潜艇的对抗能力，以及防空等综合作战的能力就明显加强。潜艇采用核动力，既能在水下又能在水面打击敌人，并且向着噪声低、潜水深、排水吨位大、配有多种武器装备的方向发展。目前，核潜艇能潜到600～1000米水深；装备高级消声设备，便于更好地隐蔽，不容易被敌人的声纳发现；装有垂直导弹发射架，能够发射远程巡航导弹；配备高精度的新式反潜制导鱼雷，使得水下作战能力更强。舰载飞机主要发展各种用途导弹，使它射程远、速度快并具有抗电子干扰能力。各种导弹与自动化程度很高的火炮、精确制导鱼雷、先进水雷、灵巧炸弹相结合，组成以舰艇为基地的空中、水面和水下

多层打击力量。舰载飞机能一机多用，攻击能力强，可以在不同高度的空中、不同气象条件下，不论白天或黑夜对各个方向来的敌人进行作战。例如，在海湾战争中，多国部队参加海上封锁的武器装备水下有潜艇、鱼雷、水雷、潜射导弹、水声器材；水面上有各种舰艇；空中有舰载飞机；外层空间有军用卫星等。从上到下布设了天罗地网。

为什么在现代战争中海军行动是
对陆、空作战的有力支援

在现代战争中,陆战场或空战场往往是双方交战的主战场,在战争全局中处于主导地位,海战场则处于从属的地位。然而,它们又是互相依存、互相制约、不可分割的整体。次要战场打得好,对主战场是有力的支援,会有利于主战场矛盾的解决。主要表现在以下几个方面:

一是海军飞机配合空军空袭。在海湾战争中,美国海军的主要任务之一是参加空中袭击。美国海军出动各型飞机 2.2 万架次,占此阶段多国部队飞机总出动量的 20%;发射巡航导弹 280 枚,占海军总库存量的 28%。美国海军飞机和巡航导弹实施的大规模空袭,有力地配合了空军的空中突击行动。

二是对陆上作战进行支援。在 1973 年 10 月的第四次中东战争中,埃及海军积极参加和掩护陆军东渡苏伊士运河和陆上进攻。在沿海广阔地区,对以色列集结部队和设施进行了舰炮射击。同时,用舰炮和海岸炮的猛烈火力支援地面部队作战,打击了以色列的炮兵阵地,阻击了以色列的坦克部队向北增援。埃及海军还布设水雷,封锁亚喀巴海湾,迫使以色列海军不能在此海区进行任何支援和箝制性的作战行动,解除了埃及陆军的压力,保证了埃及军队在陆地主战场的安全。

三是破坏交通线。1951 年 4 月,在朝鲜战争中,担任美国海军第 95 任务部队司令的史密斯命令部队,用炮火不分白天黑夜、阴雨晴明,不停地轰击朝鲜东北部,给我们的运输造成了很大困难。1966 年 8 月,在越南战争中,美国海军根据太平洋战区总司令的指示,把原在西贡的一艘航空

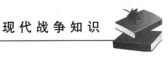

母舰调到北部湾与另外几艘航空母舰会合。从此开始，美国海军航空兵对北越境内的交通运输线等重要目标实施轰炸，或对老挝境内通往越南南方的公路网进行攻击。

四是改善陆地战场的不利形态。在两伊战争中，当伊朗军队攻进伊拉克境内时，战争形势逆转，伊拉克的处境十分困难。为了摆脱陆地战场的困境，伊拉克决定通过海上作战的实施，改善陆地战场的被动局面。于是，伊拉克先后袭击和破坏伊朗港口和濒海、岛屿的石油设施，并展开了"袭船战"，不仅迫使伊朗在陆地战场的进攻势头减弱，使双方处于僵持状态，而且还引入美国海军力量来压制伊朗，夺取了战争的主动权。到 1988 年 7 月，伊拉克军队基本收复被伊朗占领的大部分国土。

为什么在现代战争中要"以海制空"和"以空制海"

现代战争高度立体化，陆地、海洋、空中和太空4个战场连为一体，互相影响、互相支援。因此，制海权与制空权是有机联系、相辅相成的，没有制海权，就不可能有真正的制空权；同样道理，没有制空权，也就不可能有真正的制海权。

"以海制空"，是通过获取制海权达到获取制空权的目的。例如，在英阿马岛之战中，阿根廷战败的主要原因之一是未掌握海上作战的控制权，导致失去制空权，最后丧失战争的主动权。本来，阿根廷的飞机数目是英军舰队飞机的几倍，阿根廷的飞行员也不亚于英军的飞行员，空中力量比较强大，获取制空权很有把握。但是，在英军层层海上封锁作战逼迫下，阿根廷海军退守本土港口。这样，航空兵只能孤军作战。由于不能就近利用航空母舰作起降平台，飞机要从阿根廷本土起飞，在战区的逗留时间只有2～3分钟，因而严重地影响了作战效果。同时，由于缺少海上指挥、引导和必要的保障支援，阿根廷航空兵损失越来越大，实力大大下降，最后完全丧失了海区的制空权。相反，英国海军航空兵力量及时得到加强，取得了制空权。由此说明，夺取制海权的作战行动并不是单纯的为了控制作战海区，它同时为夺取制空权创造条件。没有制海权这一前提，即使暂时获得了制空权，也是不牢固的，很有可能得而复失。

"以空制海"，是通过获取制空权达到获取制海权。因为空中对水面舰艇的威胁是全天候的，只要运用得当，就能达到获取制海权的目的。例如，在海湾战争中，1991年1月29日至30日晨，伊拉克海军17艘巡逻艇利用夜暗企图从海上运送兵力支援海夫吉战斗，结果遭到从美国海军航空母舰起飞的 A－6 攻击机和英国海军军舰上起飞的"山猫"直升机的攻击，使伊军的企图破灭。在海湾战争中，伊拉克的 73 艘舰艇几乎全是被多国部队海军飞机空对舰导弹所摧毁和重创的。这就是多国部队运用"以空制海"的方式，制止了伊拉克海军的作战行动，使伊拉克海军的作战力量丧失殆尽，最后获取制海权。

为什么在现代战争中海上运输
是支持战争的重要基石

现代战争，有时要进行远海作战或跨洋作战，需要将大量的兵员和大批武器装备、器材、物资和弹药运往战区，单靠空中运输力量难以完成任务，必须主要由海运承担。因为舰船载运量大，如一艘快速海运船能装载多达230架C－5运输机所载运的货物（一架超大型C－5运输机最大载重120吨或340名士兵）。就连作战飞机所消耗的大量油料也得靠舰船运输。所以，海上运输是支持战争的重要保障和基石。

在美国侵朝战争中，地面和空中部队的作战，需要兵员和物资的不断补充，其中大部分要横越广阔的太平洋由海上运送。战争期间，他们不仅为朝鲜战场，而且要为服务朝鲜战争的远东有关基地，通过海上运送大量货物、兵员、石油等。其中，货物5200多万吨、兵员490多万人、石油2100多万吨。另外，由于美军具有强大的海上运输能力，可随时输送兵力进攻或撤退，从而扩大了地面战场机动的范围。在1950年，为了防守釜山登陆场，美军将一个南朝鲜师从永兴撤出，由海路调往釜山。当美军遭我志愿军第二次战役沉重打击以后，东线美军第10军在兴南港由海上撤退，使10万多人免遭我军围歼。

在海湾战争中，美军先后投入50多万人。海湾与美国本土相距万里，组织和实施这样大规模的战争，在战区没有军事基地和应急物资储备仓库的困难条件下，解决运输问题相当重要。美国军事海运司令部为完成这一紧迫而又艰巨的任务，动用了所属的海上预备船、快速海运船、油船等60艘，还动用一类后备役船66艘，租用美籍和外籍商船共121艘。另外，外国支援商船 5 艘。在整个战争期间，这些运输船穿梭活动于海上交通线，共向海湾地区运送了约 750 万吨各种装备和物资，占美军运输总量的 94％，较好地保障了美国在海湾战争的需要。

由此可见，依靠畅通无阻的海上交通线，大量投入作战力量，能够确保战争的胜利。

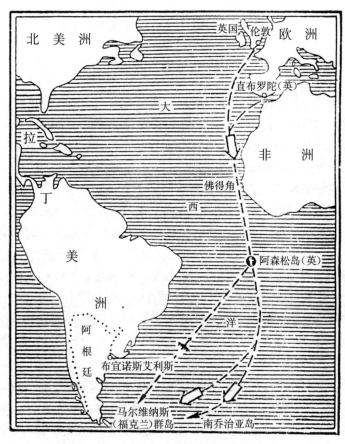

英阿马岛之战中，英特混舰队航行路线示意图

为什么登陆作战是现代战争中的一种重要作战样式

登陆作战，作为防御一方，是为了收复被敌人侵占的岛屿和濒海地区所进行的作战行动；而作为进攻一方，往往是为更大的作战企图，或是扭转自己的被动局面，或是深入陆地向敌人重要的目标进攻。总之，在现代战争中，大量战例证明，登陆作战是一种重要的作战样式。

苏德战争爆发后，苏、美、英三国曾多次商讨在西欧开辟第二战场，共同打击法西斯德国。几经周折，直到 1943 年 11 月才达成协议。美、英联军开辟第二战场是从诺曼底登陆开始的。为了实施这次大规模的渡海登陆作战，美、英联军集中了 288 万人，飞机 13700 架，舰船 9000 余艘。1944 年 6 月 6 日早晨，美、英联军经过半年多的准备，在强大的海、空火力掩护下实施登陆成功。从 6 月 13 日起，美、英联军全面发起扩大登陆场的战斗，占领了正面宽 150 千米、纵深 13～35 千米的登陆场，为尔后转入大规模进攻创造了有利条件。这是人类战争史上最大的一次登陆作战，历时 43 天，对德军进行了很大的打击。

朝鲜战争中，美韩军队在发动战争不到一个月时间里，在朝鲜人民军的连续反击下，节节败退到洛东江以东10000平方千米的釜山地区，龟缩一团组织防御，主要依靠海上舰艇和飞机的强力支援，拼死固守。美军为了扭转被动局面，挽救失败的结局，针对朝鲜人民军战线长和后方空虚的弱点，选择在仁川登陆，企图开辟中部战场，拦腰切断朝鲜人民军队，对隔离在南部的军队采取南北夹击，一举歼灭。1950 年 9 月 15 日，美军以一个军7万人兵力，分两个梯队，在232艘各种舰船、318架飞机的配合和

支援掩护下，在朝鲜西海岸仁川港实施了代号为"烙铁行动"的登陆作战。美军先取月尾岛，后主力在仁川港突击上陆，进而围攻并夺占了汉城。9月28日，整个登陆作战结束。美军在仁川登陆作战的成功，对朝鲜人民军极为不利，使之不得不变进攻为退却，而美军由此扭转了被动局面。

在1982年的英阿马岛之战中，5月21日凌晨，英军一支由3个突击营组成的登陆分队，划着橡皮艇，飞速登上了圣·卡洛斯海滩。不久，英军在滩头建立了25平方千米的登陆场，装甲车、坦克、雷达、导弹也运上了岸，已增至2000人的登陆部队迅速展开，巩固阵地，进一步扩大战果，为夺取英阿马岛之战的胜利立下了战功。

为什么我们要特别重视
在现代条件下的抗登陆作战

美JEFF（B）型气垫登陆艇

我国是一个濒海大国，有18000多千米的海岸线、众多的岛屿和广阔的海域。海军基地、港口和沿海重要目标地处前沿，是大陆的门户。历史上，帝国主义从海上对我国实施大规模的入侵，都是首先夺占沿海基地、港口，控制要地，再向大陆内地进攻。虽然我国现在自立于世界民族之林，但是，和平时期也不能淡漠国防意识。

英国的SR.N4MK3型气垫船

在未来反侵略战争中，沿海重要目标仍将是敌人首先袭击和夺占的重点。特别是随着科学技术的发展，涌现出一批先进的登陆装备，如大型运输直升机、大型登陆舰、气垫船等，为登陆达成突然性提供了有利条件。气垫船，是靠气垫升离水面（或地面）并能高速航行的一种新型船舶，其行驶方式介于车辆、普通船舶和飞机三者之间。它速度快，最高可达80节（1节等于1海里/小时）；两栖性能好，通行能力强，既可在水面航行，水的深浅、水下地质情况及各种水雷障碍对它不产生任何影

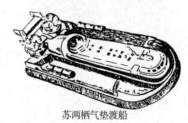

苏两栖气垫渡船

美国、英国和苏联的气垫船

响，又可在海滩、沼泽等较复杂的地形上行驶，并且有一定的越障和爬坡能力；装载量大，耗油量小等。这些先进的登陆装备，有的可从空中着陆，有的可从海上上陆，不仅扩大了登陆地段的选择范围，使抗登陆一方更难以判明敌上陆方向，而且提高了上陆能力，加快了上陆速度，密切了平面上陆和垂直着陆的协同。

上述这些新的变化，给抗登陆作战带来很多困难，需要认真对待。常言道，魔高一尺，道高一丈。随着登陆作战能力的不断提高，抗登陆作战能力也相应发展，一物降一物，总有办法对付。登陆作战部队远道而来，所需的舰船数量多，航渡时间长，加之登陆地域的正面有限，因而海上航渡和上陆受海区自然地理条件的制约和影响较大。各种登陆装备，也有其自身的弱点，如气垫船续航能力小，耐波力差，目前全浮式气垫船的续航力一般在200海里左右，在大风大浪里难于航行，只适宜于在近岸海区作近距离航行。因此，我们可以充分利用敌人存在的困难和弱点，以我之长，击敌之短。如在朝鲜战争中，朝鲜人民军在元山布设的抗登陆水雷障碍及其作用，证明了这一点。朝鲜人民军为了打破美军的登陆企图，对元

中国"722—1"型全垫升气垫登陆艇

山港的永兴湾实施了布雷封锁，共布设水雷近3000枚，其中约100枚是磁性感应水雷，其余均为老式的触发锚雷，使美军登陆作战推迟6天才实施。美军在仁川登陆，如果朝鲜人民军不是恪守常规，对敌登陆方向和地点作出了错误判断以及决策失误，那么美军登陆也不一定能成功。

为什么航空母舰能作为
现代战争的海上主力

　　航空母舰是以舰载机为主要武器并作为其海上活动基地的大型水面战斗舰艇。主要用于攻击水面舰艇、潜艇和运输舰船，袭击海岸设施和陆上战略目标，夺取作战海区的制空权和制海权，支援登陆和抗登陆作战等任务。现代航空母舰，按排水量分，6万吨以上的为大型航空母舰，3万～6万吨的为中型航空母舰，3万吨以下的为小型航空母舰。

　　航空母舰有着其他水面舰艇所没有的优点：

　　（1）攻击威力大。现代航空母舰可搭载舰载飞机几十架至上百架，储存供舰载飞机使用的弹药几百至几千吨，有的还有核武器。能在半小时内使20多架飞机起飞，到300海里远周围的海域去执行战斗任务。航空母舰编队一昼夜可机动500多海里，可连续对200多万平方千米的海域实施控制。航空母舰的武器装备齐全，如舰舰导弹、航空导弹、防空导弹、反潜导弹、反潜火箭、鱼雷、火炮，以及各种雷达和声呐等，构成对陆、海、空等领域的强大攻击能力。

　　（2）航海性能好。常规动力航空母舰续航力8000多海里，核动力航空母舰续航力更强，并能够适应各种气象条件。

　　（3）防护能力强。大中型航空母舰装有全舰性甲板装甲和舷装甲，重要部位还有局部装甲；水线以下设有多层防水雷隔舱构成的水下防护区；还有完善的消防系统，能承受较大的爆炸力。

　　（4）战斗人员多。如美国"艾森豪威尔"号航空母舰有舰员3136人（其中军官155人），另有航空兵2800人（其中军官366人）。正是由于航

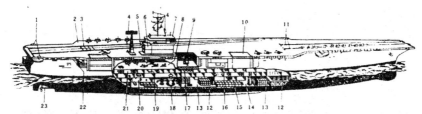

1.航空导弹发射装置　2.飞行甲板　3.阻拦装置　4.雷达天线　5.自动着舰引导雷达天线　6.导航室舰桥　8.机库　9.第二升降机口　10.第一升降机口　11.舰载机起飞弹射装置　12.油料舱　13.弹药舱　14.辅机舱　15.贮存舱　16.工作舱　17.通信中心室　18.核反应堆　19.指挥室　20.机械舱　21.生活舱　22.飞机和小艇收放吊车　23.推进器

核动力航空母舰总体布置示意图

空母舰具有这些优点，所以它名副其实地成为海上作战的主要力量。

第二次世界大战爆发后，1941年12月7日，日本海军以6艘航空母舰为主力（共载飞机360架）偷袭美国的海空军基地珍珠港一举成功，重创美国太平洋舰队。此后，太平洋战区珊瑚海海战、中途岛海战、莱特湾海战、冲绳海战和大西洋战区的多次海战，都是以航空母舰编队为主力进行的，充分显示了航空母舰的巨大作用。特别是中途岛海战，日本海军4艘航空母舰被美军击沉，极大地削弱了它在太平洋上的进攻力量。从此以后，日本海军开始走下坡路，丧失了在太平洋战争中的主动权。

在朝鲜战争、越南战争、两伊战争、英阿马岛之战、美军袭击利比亚和海湾战争中，都有航空母舰参加作战。航空母舰对于执行海上封锁、攻击敌方舰艇、袭击岸上目标、支援登陆等任务立下了汗马功劳，不愧为现代战争的海上主力。

为什么导弹艇战在现代战争中十分活跃

　　导弹艇是以舰舰导弹为主要武器的小型高速水面战斗舰只。主要用于近岸海区作战，在其他兵力配合下，以编队或单艇对敌作战，从而形成导弹艇战。

　　导弹艇战可对敌方大、中型水面舰船和潜艇实施导弹、舰炮攻击，或鱼雷、水雷、深水炸弹袭击。因为导弹艇的吨位小，舰速快、机动灵活，攻击威力大，并且艇上装有搜索探测、武器控制、通信、导航、电子对抗等设备和以电子计算机为中心的指挥控制自动化系统，能在最短时间内以最佳方案使用武器。所以，导弹艇战在现代战争中十分活跃。例如，1967年10月21日17时30分，以色列驱逐舰"埃拉特"号在没有空中掩护的情况下，单舰驶进距埃及塞得港约20千米处游弋，被隐蔽在该港防波堤内的3艘"蚊子"级导弹艇发现，随即连续发射4枚"冥河"式舰舰导弹，4发皆中，将"埃拉特"号驱逐舰击沉，在海战史上首创导弹艇击沉军舰的战例。另外，在1973年10月的第四次中东战争中，以色列的"萨尔"级导弹艇，对埃及和叙利亚导弹艇发射的几十枚"冥河"式舰舰导弹，实施有效的电子干扰，使其无一命中；同时以军使用导弹和舰炮等将埃及和叙利亚的导弹艇击沉或击伤13艘，这是用导弹艇击沉导弹艇的首次战例。在这次海战中，也证明了导弹艇编队与直升机配合使用，可提高导弹艇战的综合作战效能。因为导弹艇和直升机的任务，既分工明确，又相互联系。直升机负责实施侦察，居高临下，搜索目标，及时为导弹艇提供敌情，校正射击，施放干扰和进行辅助突击；导弹艇负责对敌舰艇实施主要攻击。这样互为弥补，充分发挥各自的长处。如在第四次中东战争的第一次海战

中，以色列由 5 艘导弹艇、2 艘载有直升机的登陆舰编成的海上混合突击群，利用夜暗掩护驶进叙利亚海岸时，直升机最先发现了叙利亚导弹艇编队，以色列导弹艇和直升机紧追不舍，发起攻击，将叙利亚的 2 艘导弹艇击沉，另外一艘导弹艇企图冲上岸躲避攻击，也被直升机击毁。

中国"24"型导弹艇

这些海战的经验，引起各国海军对导弹艇和导弹艇战的高度重视，竞相发展导弹艇，到 20 世纪 80 年代初，有 40 多个国家共拥有导弹艇 750 艘，其中就有我们国家。从 20 世纪 60 年代中期我国就批量生产导弹艇装备部队，使之成为近海防御的重要力量。

为什么反潜战登上了现代战争的舞台

潜艇,也叫潜水艇,它是能潜入水下活动和作战的舰艇,是海军的主要舰种之一。潜艇有很多优点,也有很多不足。它的优点:能利用水层掩护进行隐蔽活动和对敌方实施突然袭击;有较大的自给力、续航力和作战半径,可以远离基地,在较长时间和较大海洋区域以至深入敌方海区独立作战,神出鬼没,有较强的突击威力;能在水下发射导弹、鱼雷和布设水雷,攻击海上和陆上目标。它不仅能破坏大中型水面舰艇、潜艇及海上交通线,而且对敌方陆上的军事、政治、经济中心具有很大的威胁,是敌人的眼中钉,因此,反潜战登上了现代战争的历史舞台。潜艇的缺点:自卫能力差,缺少有效的水面防御武器;水下通信联络较困难,不易实现双向、及时的远距通信;探测设备作用距离较近,观察范围受限,掌握敌方情况比较困难等。所有这些又给反潜战提供了有利条件。

第一次世界大战一开始,潜艇就投入战斗。1917年9月22日,德"U—9"号潜艇在1个多小时内,接连击沉3艘英国巡洋舰,充分显示了潜艇的作战威力。在战争期间,各国潜艇共击沉192艘战斗舰艇。使用潜艇攻击海洋交通线上的运输商船取得了更为显著的战果。在潜艇的威胁下,反潜战开始受到重视,敌我双方都想方设法对付对方的潜艇。战争期间,潜艇被击沉265艘,其中德国损失200余艘。第二次世界大战中,伴随着潜艇性能的不断加强,反潜兵力和兵器也得到很大发展,被击沉的潜艇达1100多艘。

第二次世界大战以后,世界各国海军十分重视新型潜艇的研制,核动力和战略导弹的运用,使潜艇发展进入了一个新阶段。20世纪80年代,

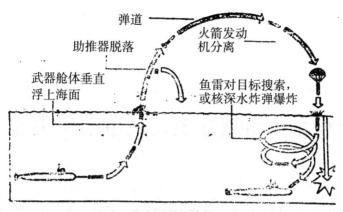

弹道

助推器脱落

火箭发动
机分离

武器舱体垂直
浮上海面

鱼雷对目标搜索，
或核深水炸弹爆炸

远程反潜战武器

核动力潜艇排水量已增大到 2.6 万余吨，装备有弹道导弹、巡航导弹、鱼雷等武器，水下航速20～42节，下潜深度600～1000米，续航力、隐蔽性、机动性和突击威力大大提高。尽管如此，潜艇还是有它的致命弱点。在1982 年英阿马岛之战中，4 月 25 日凌晨，英军"山猫"式直升机在反潜巡逻中发现阿根廷"圣菲"号潜艇，当这艘潜艇浮出水面接近格里特维肯时，直升机以深水炸弹、反舰导弹和机枪火力重创了潜艇，不久该潜艇沉没，给阿根廷海军以强有力的震撼。

为什么水雷战在现代战争中作用非凡

　　水雷战是主要以水雷作为进攻武器的作战行动。水雷布设在水中,当舰船与其碰撞或进入其引信作用范围内、或由人工控制而引起爆炸,伤杀目标。水雷战隐蔽性能较好、破坏威力大,威胁时间长,实施方便,用途极为广泛。它能封锁敌方的基地、港口、航道,限制敌方舰船机动自由;破坏海上交通线;掩护己方基地和沿海交通线;保护己方海上工业设施以及抗登陆等。

　　水雷战,最早由中国发明,在明朝就用于海战中,尔后传到西方国家,被称为"小桶战争"。在第一次世界大战中,布设了约31万枚水雷,主要是触发锚雷,炸沉炸伤舰船近千艘。在第二次世界大战中,布设了约80万枚水雷,开始大量使用非触发沉底雷,主要是磁水雷和声水雷,战争后期出现了水压水雷,交战双方因水雷战损失舰船2700余艘。1945年,美军出动飞机1424架次,布放12053枚沉底雷,包括声、次声、磁、水压水雷,封锁日本本土,共炸毁日本舰船670艘,使日本海运交通停顿,有几百万人挨饿,工业减产2/3,称为"饥饿战役"。1950年朝鲜战争期间,朝鲜人民军在元山附近海域布雷3000余枚,炸伤敌人3艘驱逐舰,炸沉4艘扫雷舰,使美军登陆推迟6天之久。由于水雷的威胁很大,使美军又恢复了扫雷兵,并于1951年1月3日在珍珠港设立水雷司令部。其间,美军把所有的扫雷舰全部派往作战海域,并把10艘驱逐舰改装成扫雷舰,向数个造船公司订购了125艘扫雷舰。1972年,越南战争中,美军布雷1万余枚,封锁越南北方沿海港口、河道,使越南损失舰船10余艘,水上交通中断。在1973年10月的第四次中东战争中,埃及海军多次在红海和亚喀巴湾重要水域设置水雷，成功地封锁了曼德海峡和蒂朗海峡。1987 年 7 月 22 日，美国正式介入伊朗同伊拉克的两伊战争后，虽然在海湾地区集结了庞大的舰队，但却缺乏相应的反水雷舰只。伊朗利用美国海军这一弱点，秘密布设水雷，对美国护航的油轮实施了突然打击，使美国海军一筹莫展。海湾战争期间，伊拉克海上作战唯一取得战果的手段是水雷战。伊拉克海军拥有数以万计的各种水雷，在海湾水域进行大量布设，这些水雷障碍制约了多国部队的舰艇活动，打击了美军舰只。

随着科学技术的发展，采用高能炸药，改进雷体结构，提高总体性能；使用新型传感器、新型电子元件和微型计算机，采用现代信息处理技术，改进非触发引信性能，提高其目标识别、炸点控制、抗扫、抗干扰性能，研制智能水雷等；不断改进作战方法，使水雷战在现代战争中发挥更大的作用。

为什么空军在局部战争中总是打头阵

你如果浏览一下20世纪80年代以来世界上爆发的几场规模较大的局部战争，就会发现，战争的第一枪几乎都是由空军打响的。比如，1982年的英阿马岛战争，英国就是以火神式战略轰炸机，首先突击马岛首府阿根廷港机场拉开了战幕。1991年的海湾战争，以美国为首的多国部队，仗着空中优势，在总共只有42天的战争中，一上来就对伊拉克劈头盖脸地空袭了38天，剩下的4天才是地面交战。如果再从近年来发生的几次"外科手术"式袭击看，那就几乎成了空军的"专利"，航空兵如同军事强国手中的一把外科"手术刀"，凡下刀之处，皆获成功。

为什么各国都如此偏爱运用空中力量呢？我们略加分析就不难看出，这是由于空军具有的特殊本领所决定的。

山河湖海，地面防线，自古以来就是军队作战难以逾越的障碍。然而，对在空中高速飞行的飞机来说，超越这些障碍均不在话下。空军既不用架桥铺路，也无须阵地攻坚，即可超越障碍，对敌全纵深实施垂直打击。显然，在空地一体、空海一体的联合作战中，首先实施空中打击，能够打乱敌人的防御部署，削弱敌人的作战力量，可以为陆、海军的行动创造有利条件。

过去战争一般以占城掠地为目的，而现代局部战争往往是通过有限的军事行动降服对方，达到小战而屈人之兵的目的。空军作战的特点是即打即离，胜败通常都不涉及领土纠纷和停战撤军等问题，便于控制战争的规模和升级。在既希望制服对手，而又不致"陷入泥潭"的今天，首先使用空军无疑是一种明智之举。

　　军事科学技术的飞速发展，特别是飞机的隐形技术、精确制导技术、夜视技术和空中加油技术在空中武器装备中的广泛应用，使现代空军的作战能力达到了令人惊叹的程度。远程作战飞机经过空中加油，可以打击地球上任何地点的目标；空对地飞航（巡航）式导弹，可以在距离目标2000千米的境外发射；精确制导武器的命中精度可达1米之内，炸弹甚至可以从大楼的窗户、地下隐蔽部的通气孔钻进去爆炸。如果要对万里之外的对方要害目标进行"点穴"，或做个"小手术"，那自然非空军莫属了。（高胜利、郭力军）

为什么空军的优势在于进攻

20世纪 20 年代初，空战理论的奠基人杜黑就断言："空军是一支积极进攻的力量。"它能以惊人的速度向任何方向打击陆地、海上的敌人，并能突破敌方的任何空中抗击。回顾近百年的世界空军作战史，我们可以看到，无论是"英美对德国的战略轰炸""苏德库班空中交战"，还是"日本偷袭珍珠港""海湾战争"，几乎都在重复一个结果：空中进攻频频得手，对空防御屡屡失利。这其中的原因是什么呢？

第一，空军具有"长于进攻"的本质特性。空军具有远程作战能力、高速机动能力、猛烈突击（攻击）能力的特性。它能够克服高山、海洋的制约，"使有关国境线的概念，都成为过去"（杜黑语），实施全球到达、洲际作战；它能够突破敌方层层防线，对敌要害目标实施"点穴"和"地毯式"轰炸。其作战范围大、突击目标准、杀伤火力强、打撤转换快，较之于其他军种有更强的进攻性。因此，杜黑认为："空军用 100 架飞机用于进攻，要比500架或1000架用于防御作用更大。"美军十分重视空军长于进攻的特性，强调无论在战略性进攻作战或战略性防御作战中，空军都必须采取进攻作战方式。可见，空军的特性决定了空军的优势在于进攻。

第二，空军用于防御有其固有的局限性。主要表现在：其一，空军基地的生存能力弱。空军对机场的依赖性很大，而且机场大都是固定的、暴露的，也是难以隐蔽的目标，在"重要目标一经发现就可能被摧毁"的今天，空军抗打击的生存能力较差。其二，防御不但浪费兵力，而且指挥复杂。在防空作战中，通常要出动数架飞机才能拦截并消灭一架敌机，不能体现节约用兵的原则。况且空中作战时间短、空间范围大，情况突然，变化急剧，使空军指挥复杂，难度加大。其三，防空作战只能减轻敌机空袭的毁伤度，不能产生积极效果，最多也只能打成平局。因为，单纯的防御是不能阻止敌人进攻的。只有进攻，将敌方的飞机摧毁在地面，才能有效地阻止敌方进攻。即使摧毁不了地面上的飞机，敌也得派重兵防御，从而大大降低了敌人进攻的强度。因此，空军主要用于防御作战是违背了"扬长避短"的用兵原则。

第三，高技术强化了空军攻强守弱的不平衡性。随着高技术应用于航空武器装备，不仅使空军原有的特性得到了充分的发挥，而且还新增了精确打击能力、隐身突防能力和速战速决能力，从而形成了超越其他常规军事力量的特殊能力。精确制导技术使航空炸弹"长了眼睛和大脑"，不但可以同时攻击多个目标，而且可以在数十、数百乃至上千千米之外攻击任何目标；隐身技术使作战飞机"神出鬼没"，可能导致几十年来建立的现有防空体系陷于瘫痪；红外、激光、遥测遥感技术可使战场更为"透明"，可以根据需要自由选择打击目标，采取有效的打击方式，更好更快地达成战略目的。由此可见，高技术使本来就易攻难防的空中作战更强化了攻强守弱的不平衡性。空军只有在进攻中才能充分发挥自己的优势。

（丁步东）

为什么空中进攻强调首次突击

首次突击，是指空中进攻作战时的第一次空袭行动。它既是整个空中袭击的序幕，又是一系列空中袭击中最关键的行动。首次突击成功与否，对空中进攻作战全局有着极大影响；在与陆、海军的联合作战中，还将进一步影响到联合作战的成败。因此，精心组织好首次突击，一举达成预期效果，历来被各国军界所强调，也是我国空军进攻作战所把握的一条重要原则。其主要原因有以下三点：

首先，空中进攻作战的首次突击，多是在预先有充分准备的条件下实施的。无论是兵力的集中使用，还是各种作战保障条件，都处于主动和有利的地位。显然，如果在这种条件下尚不能达到预期目的，那么尔后的行动就更加困难，就更难以奏效。因此，精心谋划和组织首次突击，以求首战告捷，就成为军事指挥员所期望达到的首要目标。

其次，首次突击最易于达成突然性，突击效果最好，作战效益最高。我们可以从苏联空军1943年组织的一次空中战役的一组数据得以证实。在这次战役总结中他们这样写道："第一次突击效果最为显著，消灭的敌机占全战役消灭敌机总数的42.5%；第二次突击消灭敌机数占31.2%；第三次突击消灭敌机数占23.1%；第四次突击消灭敌机数占3.2%。以消灭1架敌机所用的兵力计算，第一次突击需要2架次，第二次突击上升为2.4架次，第三次突击为3.2架次，第四次突击则需要30.2架次。与此同时，我机损失却逐步增多。"实战经验表明，空袭的突然性，可以带来最佳的突击效果。为此，各国空军都强调集中兵力实施强大的首次突击。如美军1972年空袭越南河内时，首次突击出动B—52战略轰炸机129架，占参战

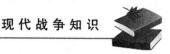

总数的 63.5％；以色列空军在 1967 年第三次中东战争中，首次突击几乎是倾巢出动，使用了空军的全部兵力。

再次，首次突击的成败不仅影响着尔后的空中行动，而且对所支援和配合的地面作战的成败都有着重要影响。如第三次中东战争，由于以色列空军的首次强大突击，一举摧毁了阿拉伯国家的空军力量，夺取了整个战场的制空权，使以色列军队消除了来自空中的威胁。这不仅减轻了空军后续空袭任务的压力，更重要的是为地面军队的进攻作战创造了有利条件。以色列地面军队在没有"上"顾之忧的情况下，迅速席卷了西奈半岛，占领了约旦河西岸和戈兰高地。短短的 6 天交战，以色列就达到了战争目的，结束了战争。（高胜利）

在现代战争中，隐身飞机为什么
能躲避对方雷达的探测

　　《西游记》里孙悟空有 72 般变化的本领，其中之一就是能变成小飞虫，隐藏在铁扇公主的茶杯中，乘机钻进她的肚子里，抓心挠肝，终于制服了那位骄横的公主。这种"由大变小"的法术被称为"隐身术"。这个神话故事在 20 世纪 70 年代中期，已由幻想变成了现实，并首先应用于军事领域。

　　1989 年 12 月 20 日凌晨，当两个中队的 F - 117 隐身轰炸机编队出现在巴拿马城西 120 千米处的一个军用机场上空时，巴拿马的防空预警系统和防空部队竟丝毫没有察觉。

　　1991 年 1 月 17 日凌晨，F - 117 飞机又作为第一波次的首批攻击机，悄悄地飞到了伊拉克防空系统最为严密的巴格达市上空，投下激光制导炸弹，摧毁了伊拉克的通信枢纽——巴格达市中心的电话电报大楼和其他一些雷达设施、地下指挥所，揭开了代号为"沙漠风暴"的大规模空袭的序幕。40 分钟后，伊军才清醒过来，开始实行灯光管制。这表明伊军根本没有弄清是怎么回事。

　　最能体现 F - 117 飞机神奇的战例是美军空袭伊拉克的核设施。第一次空袭是由 60 架 F - 15、F - 16 战斗机和 EF - 111、EF - 4G 电子战飞机，外加 15 架空中加油机组成的庞大机群实施的。攻击编队在未到达目标前，就被伊军预警雷达发现，立即遭到了防空火力的猛烈抗击。为避免损失，编队只好返回，攻击以失败告终。两天后的夜晚，美军出动了 8 架携带激光制导炸弹的 F - 117 飞机和 2 架空中加油机，对核设施进行第二次空袭。

F－117飞机直飞目标，如入无人之境，迅速投下炸弹，将4座核反应堆中的3座炸毁，随即安全返航。

F－117飞机为什么如此神奇呢？主要原因是采用隐身技术，使该机在敌方雷达荧光屏上"由大到小"乃至无法发现它的踪迹。

首先，F－117飞机改善了外形设计，获得了既能保证气动要求又能保证最小雷达反射截面积的效果。雷达反射截面积的大小，表示飞机可被雷达探测程度的大小。一般飞机的雷达反射截面积为20～30平方米，而F－117的在1平方米以下。F－117飞机机体表面采用锐角化处理，即以多棱角及锯齿状的多面体设计，以避免产生直角散射回波；机翼前、后缘部分为雷达反射波的主要来源。翼面愈平直，就愈能窄化水平反射波束。采用内藏式炸弹舱、伸缩式天线，舍弃外载式配备，以减少雷达波的反射。另外，外表涂有黑灰色的雷达吸波材料，机翼以雷达波吸收结构方式制作，使雷达波连续折射，以达到削弱反射能量的效果。

其次，F－117飞机的动力装置采用了特殊设计和处理，既降低了雷达探测，又降低了红外辐射特征。飞机的红外辐射是以喷口燃气流辐射为主，机身气动加热辐射次之。就喷口燃气流辐射而言，降低发动机排气温度，是减轻红外辐射特征的主要途径。为降低红外辐射信号，F－117飞机采用温度较低且无后燃器的涡轮风扇发动机（GEF404－F_1F_2），但这种发动机的压缩器叶片和涡轮叶片，均是雷达波的反射物。因此，该机不仅对进气道采取了特殊设计，而且在进气道前加装了能吸收雷达波的复合材料所制成的网栅。通过上述特殊设计和处理，既避免了雷达探测，同时又能扩散、冷却排气温度，从而达到减低防空预警系统中声、光探测器的发现概率。（丁步东）

为什么在战争中使用同一种
武器却出现不同结局

众所周知，萨姆－6防空导弹在第四次中东战争中曾称雄一时，战争头3天埃及和叙利亚就以此"神箭"击落以色列80余架飞机，引起各国军界的极大关注。然而9年之后，萨姆－6导弹的对手仍然是以色列空军，交战结果却截然不同。这一回，萨姆6既无招架之功，更无还手之力，以色列空军仅用6分钟就全部摧毁了叙利亚部署于贝卡谷地的19个萨姆－6导弹连。

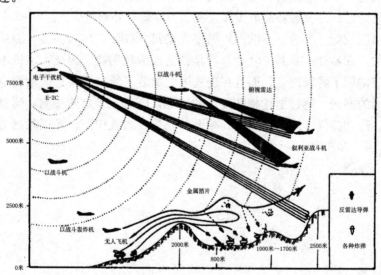

以色列空军对贝卡谷地叙利亚军地空导弹攻击示意图

无独有偶，英阿马岛之战，阿根廷航空兵使用机载"飞鱼"导弹，接连击沉英海军价值2亿多美元的现代化驱逐舰"谢菲尔德"号和重型军需舰"大西洋运送者"号。但是，当阿军又采取同样方式对英"竞技神"号航空母舰攻击时，"飞鱼"却未显灵验，坠海自行爆炸。

　　使用同一武器为什么会出现不同的结局呢？原因之一：战争实践一再证明，战场上没有永保"绝对优势"的先进武器，过分迷信和依赖先进武器必定失败。常言道：尺有所短，寸有所长。先进武器不管它有多少"特异功能"，但也必有难以克服的"先天不足"，所谓先进只是相对而言的。第四次中东战争中，萨姆－6导弹的辉煌战果冲昏了阿拉伯国家军政要人们的头脑，叙利亚则更坚信"萨姆"就是一把保护伞，以为只要手里拥有"萨姆屏障"，以色列飞机就会望风而逃，对其缺点和不足根本不去理会，结果导致惨败。原因之二：武器是由人掌握的，武器效能的发挥要取决于人的主观能动作用。武器相对落后的一方，只要认真找出对方武器的弱点，大胆改进自己的武器系统，并运用正确的战术对策，以己之长击敌之短，是可以转败为胜的。以色列吃亏于"萨姆"之后，不惜一切代价搞到了成套的萨姆－6设备，集中专家，花费了9年时间，分析其性能，寻找对付办法，终于在贝卡谷地报了"一箭"之仇。马岛战争中，英军吃亏于"飞鱼"后，及时吸取教训，迅速采取对策，使用金属箔条和采用"海王"直升机对其干扰，以假目标诱惑导弹，结果大破空中"飞鱼"。

　　高技术兵器较量的结果又一次证明：武器是战争的重要因素，但不是决定的因素，决定的因素是人而不是物。（高胜利、郭力军）

为什么空中突击要分为三种战术方法

空中突击，是轰炸、强击航空兵以机载武器，如空地导弹、航空炸弹、航空火箭、航炮等，对敌人地面（水上）目标实施摧毁、压制、破坏等基本战斗活动。依其活动样式，具体分为集中突击，同时突击、连续突击三种战术方法。

集中突击，是航空兵集中较多的兵力，在短时间内对一个目标（如桥梁、车站、机场等）或目标群实施的空中突击；特点是战斗活动在兵力、时间与空间上都比较集中，便于形成一举歼敌的突击能力。同时突击，是航空兵以若干编队，在同一时间内，分别对若干目标或某一目标系统实施

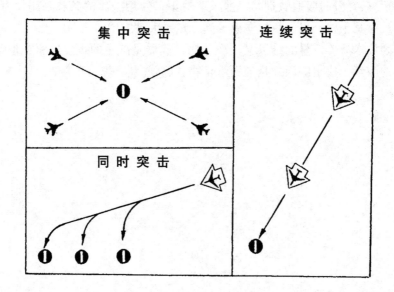

的空中突击；特点是战斗活动在时间上集中，而在空间上比较分散，以达到短时间内瘫痪敌人，使其不能互相支援。连续突击，是航空兵以较少的兵力（单机、小编队），在较长的时间（一周至数周）内，按适当的时间间隔（数小时至数日），对一个目标或相邻的数个目标连续进行的空中突击；特点是战斗活动在空间上相对集中，在时间上比较分散，能使敌人某一目标长时间遭到压制，无法恢复正常功能。

从上述三种突击方法的概念和特点不难看出，不同战术方法的区分和运用，主要是由作战所要达成的不同目的（或目标）所决定的。比如，在需要迅速摧毁敌人某一目标或目标群时，只有采取集中突击，方能务期必克；在需要短时间内压制敌多个目标时，只有采取同时突击，才能"多点开花"，使各处之敌自顾不暇；在需要较长时间内压制敌人某一目标或目标群时，只有采取连续突击，才能使敌没有喘息之机。

另外，空中突击方法的运用，除要满足不同作战目的的需要外，还要受到突击兵力多少的制约。只有多种突击方法，才能适应不同条件的要求。比如，在航空兵力充裕时，一般可多采用集中突击和同时突击；在兵力不足时，一般是先集中力量予以集中（或同时）突击，尔后再以连续突击相配合，亦能对敌形成较长时间的突击效应。由此可见，在遂行空中突击任务时，航空兵指挥员必须依据不同情况，灵活运用战术，才能达成最佳的突击效果。（高胜利）

为什么要实施空中截击

空中截击是航空兵在指挥所的引导下拦截并歼灭空中目标的战斗活动方法。它是歼击航空兵基本的战斗活动方法。

空中截击是随着防空指挥保障设备的发展逐步完善起来的。早在1915年，英国伦敦防空采用过一种"警备"的方法，指挥所根据听哨音和观察哨的情报，命令歼击机飞向指定空域搜索和攻击敌机。第二次世界大战中，广泛使用了雷达和无线电，指挥所可以掌握较远距离的空情，并引导歼击机准确拦截敌机。现代航空兵指挥所拥有以电子计算机为中心的自动化设备，歼击机的性能和设备也有了极大改善，进一步提高了空中截击的效能。但是，现代空袭兵器应用雷达、红外技术和先进导航技术，以及隐

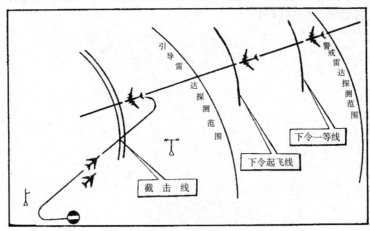

机场待战出动截击示意图

形技术、地形对比技术、电子对抗技术等，大大增强了突防的隐蔽性，使空中截击面临新的挑战和要求。

航空兵运用空中截击方法时，遂行任务的部队、分队或单机，通常按规定的战斗准备等级在机场待战。当指挥所根据雷达情报判明敌机到达我机预定起飞线时，即下达起飞命令，并引导升空的飞机飞向预定的截击线实施空中截击。机场待战较之空中待战节省兵力和器材，持续时间也不受机上燃料的限制，能减轻飞行人员的疲劳。但投入战斗所需的时间较长。当已确切掌握敌机来袭情报或在敌机活动频繁时，遂行任务的部队、分队或单机通常受命提前升空，飞往指定空域待战，按照指挥所的命令适时转入截击。它是航空兵争取时间，在关键的作战时节，为迅速消灭或压制空中、地面、海上目标采用的最高等级战备状态，用以提高完成任务的可靠性。空中待战与机场待战相比，即使雷达情报稍有迟延，也有可能按预定截击线实施截击。

综上所述，空中截击是一种待敌而动、后敌而动的"攻势防御"行动。在没有发现空中目标来袭之前，我机处于待战状态，待发现空中目标以后，我机适时以积极的进攻行动拦截并歼灭目标。实施空中截击的目的，是使敌空中目标在未到达我被掩护地域上空之前，就遭到我前伸的打击，从而保障我地面和空中的安全。（丁步东）

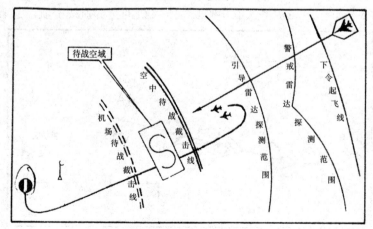

空中待战转入截击示意图

为什么要实施空中护航

　　空中护航是歼击航空兵为保障其他航空兵遂行任务而进行的护送飞行。空中护航可分为全程航线护航和部分航线护航。当被护送飞机遂行重要任务或在被护送飞机战斗飞行全过程中都有遭敌歼击机抗击的威胁时，通常进行全部航线护航。否则就是部分航线护航。

　　空中护航是从第一次世界大战时起沿用至今的一种战斗活动方法。1916 年初，英、法最先采取由歼击机与轰炸机编成密集队形的所谓"紧密护送"行动。第二次世界大战时，空中护航被广泛运用，出现过歼击机对数百架轰炸机大编队的护送飞行。在越南战争中美军轰炸越南北方目标时，仍运用了空中护航方法。1981 年 6 月 7 日，以色列偷袭伊拉克核反应堆，执行轰炸任务的 8 架 F－16 飞机得到了 6 架 F－15 飞机的全部航线护航。这表明在

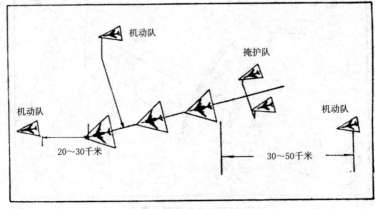

机动队　　掩护队　　机动队　　机动队

20～30千米　　30～50千米

护航时的战斗队形

现代战争条件下，空中护航仍具有重要意义。

护航兵力的多少，主要取决于敌歼击机的抗击能力、被护送飞机的数量和遂行任务的重要程度，以及护航机的空战能力等因素。根据以往的作战经验，护送轰炸机时的兵力与被护送兵力的比例通常为1∶1，护送强击机时的兵力与被护送兵力的比例为1∶2，护送侦察机时的兵力与被护送兵力的比例为3∶1，护送运输机的兵力与被护送兵力的比例则通常大于护送轰炸机时的兵力比例。

实施空中护航时，歼击机与被护送飞机通常从不同机场起飞，按指挥引导或依据明显地标或借助其他手段在空中会合，尔后编成联合编队或联合机群，在被护送航空兵空中带队长机统一指挥下进行战斗活动。在联合编队中，被护送的飞机通常居于编队的中间，歼击机将主要兵力配置在敌机可能来袭方向的外围，与被护送飞机保持战术联系，力求尽快发现和歼灭企图来袭的敌歼击机。为确保被护送飞机的安全，通常将护航兵力区分为机动队和掩护队。机动队一般配置在被护送编队前方20～30千米，或侧方、后侧方30～50千米的距离上，主要任务是在远距离上牵制带空空导弹的敌歼击机。掩护队主要任务是直接掩护被护送编队，与被护送编队保持目视联系，通常位于被护送编队后方4～5千米处，对逼近被护送编队的敌机实施反击。

联合编队到达目标区后，按预定计划散开。歼击机的机动队前出到敌机可能来袭的方向，掩护队则上升高度，一般高于被护送编队的1000～1500米，随时准备驱逐楔入目标区的敌机。

由此可见，实施空中护航并不是直接寻敌作战，而是针对敌机的威胁，歼击机对遂行任务的飞机所采取的保护性行动。其目的是随时驱逐、歼灭来袭敌机，或降低敌抗击的能力，确保被护送的飞机能安全可靠地完成预定任务。（丁步东）

为什么要实施空中巡逻

　　空中巡逻是歼击航空兵在指定的空域和规定的时限内进行的搜索警戒和随时歼灭敌机的战斗活动，是航空兵应用范围较广的一种战斗活动方法。空中巡逻始于第一次世界大战。1916年在凡尔登战役中，英法联军把整个战线划分为若干空域，每个空域以数个歼击机编队在同一高度作巡逻飞行，以掩护地面军队。这种方法几十年来一直被广泛用于保卫要地、掩护地面军队、海军舰艇编队以及保障其他航空兵和空降兵作战。根据作战目的不同，空中巡逻可分为警戒性空中巡逻和屏护性空中巡逻。

　　警戒性空中巡逻，是歼击航空兵在指定空域和规定时限内，以较少兵

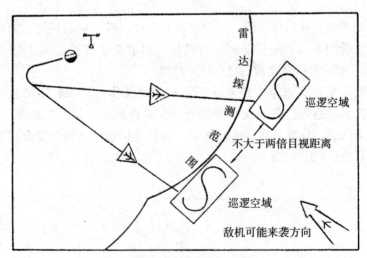

警戒性空中巡逻示意图

力所进行的警戒飞行。其作用是监视空中情况，及早发现空中来袭目标，为己方地面、空中提供较多的预警时间，以便迅速采取防范措施。其巡逻空域位置一般配置在敌机可能来袭的方向，并靠近己方雷达探测范围的边缘，以便迅速发现目标。一旦发现敌机后，立即报告指挥所，机场待战的飞机就可以在预定截击线截击敌机。确定巡逻空域位置，通常是根据敌机可能来袭扇面和己方巡逻兵力数量。同时，还应当考虑到己方地面防空兵器的影响，一般不应在己方地面防空火力范围内配置巡逻空域，以免影响地面防空部队的作战行动。在战线附近，则应力求避开敌方防空火力范围，以免遭到杀伤。

屏护性空中巡逻是歼击航空兵在规定的时间和空域内，以较多的兵力形成空中屏障，阻拦并歼灭敌机及其他空袭兵器的战斗活动。其目的是驱除敌机，肃清空间，造成局部空中优势，为己方地面和空中作战行动提供可靠的掩护。屏护性空中巡逻的空域位置，一般设置在己方军队作战活动地域的外侧、敌机可能来袭的主要方向上，与被掩护目标的距离通常不少于30～40千米。当敌机可能来袭规模较大、我使用屏护兵力较多、需要设置多个巡逻空域时，应视敌机来袭方向和高度，沿正面疏开，按高度和纵深作层次配置和梯次配置，以便可靠地发现和阻拦敌机，发挥屏护作用。

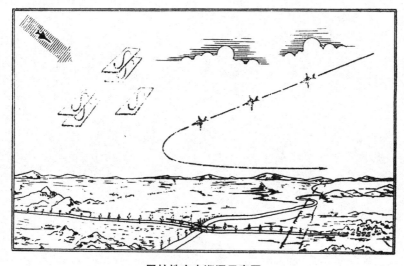

屏护性空中巡逻示意图

屏护性空中巡逻是一种对抗性很强的战斗行动，就像地面军队打阻击战那样，具有与阵地共存亡的坚强决心，不论敌机来势多猛，都要"御敌于国门之外"，确保被掩护的目标不遭受敌人严重的空中危害。

实施空中巡逻，不仅能够及早发现来袭敌机，为己方地面和空中提供较多的预警时间，而且能够在一定时间和空间内造成局部优势，可阻止敌航空兵器进入其预定地域上空，为己方陆海军提供比较可靠的掩护。能为被保障的航空兵开辟通道，安全通过敌机活动空域、起到肃清空间的作用。通常是在地面军队主力军团发起攻击、后续梯队投入战斗、机械化部队进入突破口时；海军舰队通过狭窄航道和敌方布雷海域或登陆部队向敌靠近或突击上陆时；己方轰炸航空兵通过航线重要地段或突击敌方目标时；空降兵通过战线或正在进行机（伞）降时等关键时节采用。（丁步东）

为什么要实施空中封锁

空中封锁是指航空兵在一定时间内以火力压制或空战手段隔绝敌内外部联系的作战行动。通常用于封锁敌机场、交通运输和被围敌军等，以阻滞对方的行动。成功的空中封锁，可以用较少的兵力，达到孤立、迟滞、钳制大量敌人的目的。

空中封锁是第二次世界大战中开始采用的一种进攻性行动。最初是当轰炸机预定突击某个机场时，派出歼击机对该机场的航空兵进行火力压制，以阻止或削弱其抗击行动。后来发展到封锁其他目标。例如，1942年11月23日至1943年2月2日斯大林格勒战役中，苏军航空兵曾对德军进行空中封锁，有效地截断了德国空军对其被围军队的支援和补给。第二次世界大战后，在朝鲜和越南战争中，美军也对其交通运输线进行大量的空中封锁活动。

空中封锁按作战任务和封锁的对象不同，分为封锁机场、封锁交通、封锁战场三种形式。

为什么要实施空中封锁呢？

一是掩护己方军队的战斗行动。如己方地（海）面部队在行进途中或作战过程中，极易遭到敌空中突击。为防止敌轰炸机和歼击轰炸机对己方军队的打击，必须封锁敌轰炸机和歼击轰炸机的机场。又如，当己方轰炸机或强击机突击敌重要目标时，必然要遭到敌歼击机的拦截。为保障己方航空兵顺利遂行任务，必须封锁敌歼击机的机场。机场是敌重点保卫的目标之一。对其实施封锁必将遭敌强烈抗击。为减少损失，封锁时除采取必要的战术技术措施外，还必须对实施封锁的飞机进行分组。可分为突击

封锁敌机场兵力部署示意图

队、掩护队和保障队。突击队是用于攻击企图强行起飞的敌机；掩护队是用于反击其他机场飞来的企图进行反封锁的敌机；保障队则是用来压制机场地面防空兵器和实施电子干扰。

二是阻滞敌作战物资前送和战斗力再生。现代战争对后勤保障和技术保障依赖很大，没有油料，机械化装备就要停止转动；没有弹药，再好的武器也是摆设；缺乏必需的器材备件，部队的战斗力就不能再生。因此，封锁敌铁路交叉口、火车站、重要桥梁、渡口，以及水陆交通的个别地段，可以在一定的时间内，使其运输陷于瘫痪，达到切断和阻滞作战物资前送的目的。

三是支援地面军队作战，孤立敌人。在支援地面军队进攻作战中，航空兵主要突击敌二梯队（预备队），以及破坏敌物资、器材、油料等供应，为己方进攻军队扩大战果制造条件。在支援围歼敌军阶段，航空兵主要是协同地面军队打击来援之敌，并阻止敌运输机空投物资器材，使其断绝供应，以利我军的全歼速决。在支援防御作战中，航空兵主要阻止敌二梯队（预备队）进入预定作战地域，以利我军迅速恢复防御态势，改变被动局面。

现代条件下，地面重要目标都有严密的防空火力掩护，尤其是从空中封锁敌机场，将会遭到地面防空火力和被封锁机场及其邻近机场歼击机的强烈抗击；直升机和垂直短距起降飞机不依赖有完善跑道设施的大型机场，可以零星疏散配置，使空中封锁行动面临新的问题，组织实施的方法亦将随之有新的改变。（丁步东）

为什么近年来频繁出现
"外科手术式"空袭

　　20世纪80年代以来，高技术在空中力量的广泛运用，使航空兵的精确打击能力有了极大提高。作战飞机经过空中加油，可以跨洲越洋远程奔袭，打击地球上任何地点的目标；机载精确制导武器，命中目标的误差缩小到1米之内，炸弹甚至能从建筑物的窗户或地下工事的通气口钻进去爆炸。由于航空兵的这种"点穴"能力，使"外科手术式"空袭样式应运而生。何谓"外科手术式"空袭？就是使用航空兵器，对敌方特定目标(而不波及附近目标)在极短时间内实施精确打击，一举达成预定战略目的。这种空袭如同摘除阑尾手术一样，只切阑尾，无伤其他，故被人们形象地称为外科手术。

在近年来的局部战争和突发事件中，一些军事强国屡屡运用这种空袭样式。美军两次空袭利比亚，以色列奔袭伊拉克核反应堆和位于突尼斯的"巴解"总部，就是典型的战例。"外科手术式"空袭之所以受到某些军事强国的青睐，是因为这种空袭具有下述优点：

一是局部战争的目的有限，尤其是在"点到为止、不占而胜"的非攻城掠地的有限军事斗争中，无须劳师三军，有时只要摧毁对方一个或几个要害目标就可以达成特定的战争目的。

二是易于获取"小战而屈人之兵"的效果，空袭摧毁的目标虽然有限，但一般都是对方的要害，往往能够引起对方军事、经济乃至政治系统的结构性震荡，给对方造成极大的心理震撼和威慑效应，很可能仅用"一把手术刀"即可致敌屈从于我。

三是作战行动隐蔽突然，空袭目标非常有限，突击时间很短，对方往往猝不及防，空袭容易取得成功。

四是战争风险小，空中突击即打即离，不与对手直接接触，附带毁伤极小，胜败都不涉及领土纠纷和停战撤军等问题，通常不会引起战争升级，没有陷入旷日持久战争泥潭的顾虑。在既希望制服对手，而又不愿扩大战端的今天，外科手术式空袭自然成了实现有限战争目的最理想的作战样式。（高胜利）

为什么出现空中"禁飞区"

　　世界上许多国家，对其国内的最重要目标，如国家首都、军事要地、试验基地等，为确保其空中安全和军事机密，划定了一定范围的"飞行禁区"，不准包括本国在内的航空器进入。而这里所讲的空中"禁飞区"，则完全指的是另一回事，它是近几年出现的一种国际军事斗争新样式。1992年8月27日，美、英、法、俄四国宣布，在伊拉克北纬32度线以南地区建立"禁飞区"，禁止伊军用与民用航空器进入该空域。同年11月，这一新玩意又在干预波黑战争时使用。

　　首先需要指出的是，"禁飞区"是大国、强国欺辱小国、弱国的霸权主义产物，它在法律和道义上都是站不住脚的。军事强国依仗其占绝对优

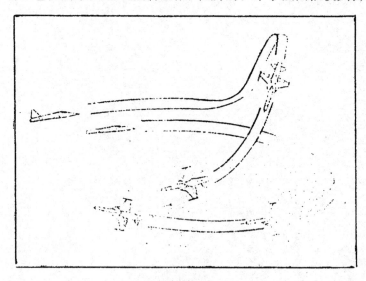

势的空中力量，在一个主权国家的领空内划定所谓"禁飞区"，外来者可以在"禁飞区"里"天马行空，独往独来"，而本国的飞机则不得入内，难道这不比当年杜黑设想的那种"主宰天宫"还要霸气十足吗？

这里，我们暂且撒开这些政治方面的论争，侧重探寻一下"禁飞区"产生的缘由。从上述两次局部战争中的使用情况看，"禁飞区"的出现，是敌对双方空中力量相差悬殊的必然结果。"禁飞区"的谋划者之所以蛮横而又自信地宣称，违者"将被击落"，其基本原因是有实力强大的空中力量。例如，美、英、法诸国宣布伊拉克南部为"禁飞区"时，就在其周围集结了包括侦察机、预警指挥机、电子战飞机、隐形战斗轰炸机、战斗机、攻击机、加油机等各种功能的先进飞机近300架，组织了严密、高效的空中作战系统，挽弓待发。而伊拉克经海湾战争破坏后，兵力结构破碎，防空系统还不能有效运转，其战斗力与对方相比，根本不在一个档次。其次，"禁飞区"可为禁飞一方谋取"不战而屈人之兵"的效果。以往的制空权通常是双方经过反复较量赢得的，而"禁飞区"则是禁飞一方以握有绝对优势的空中力量和高屋建瓴的战场布势为基础，通过一纸声明的威慑作用而达成的。可以预见，"禁飞区"将日益成为恃强凌弱的一种军事斗争手段。其三，"禁飞区"为"禁飞者"随时惩治"被禁者"提供了"合法"的口实。伊拉克南部"禁飞"以后，盟国部队以伊拉克"犯规"为由，多次堂而皇之地对"禁飞区"内及巴格达附近的目标进行空袭，结果每次都以伊拉克的求和而告终。

"禁飞区"的出现，再次给人们以深刻的警示：空中（防空）力量在国家防务中的地位日益重要。没有坚实的空中力量就无领空主权，无领空主权也就难以有稳定的领土和领海主权，不得不"接受敌人强加的任何条件"。（郭力军）

为什么现代空战离不开预警指挥机

　　1991年1月20日，沙特空军的沙姆拉尼上尉正带领4架F－15战斗机在沙特边境南部巡逻时，突然接到E－3A空中预警指挥机"2架伊拉克'幻影'F1战斗机正向南低空高速飞行"的通报。原来是伊军2架幻影飞机携带"飞鱼"导弹准备去攻击多国部队的舰队。沙姆拉尼接到警报时，双方相距130千米。沙姆拉尼命令2架F－15留在原空域继续巡逻，自己和僚机在E－3A预警指挥机的引导下，去截击伊空军幻影机。沙姆拉尼在很远的距离上就发现了伊机，本可以用"麻雀"导弹实施远距攻击，但沙上尉考虑到"麻雀"导弹的价格太贵，攻击前还要投掉副油箱。于是，决定用"响尾蛇"导弹近距格斗导弹攻击。他和僚机先下降高度，然后机动到伊机的后面，在900米的距离上同时发射2枚"响尾蛇"导弹，一举击落了两架"幻影"F1战斗机。事后，沙姆拉尼激动地说："是我们的预警机指挥我击落了伊拉克的战斗机。"

　　预警指挥机是专门用于搜索、监视空中、地（海）上目标并可指挥引导己方飞机遂行作战任务的飞机。它在形似一架民航飞机的脊背上，背着一个巨大的"蘑菇形"圆盘，里面安装着雷达天线。这个雷达天线能360度全方位扫瞄。其敌我识别器具有高度指向性，能实时将目标的方位和距离等情报，显示在操纵台上。该机在较远的距离上对贴地（水）飞行的飞机可一览无遗。它的中央数据处理分系统能完成记录、存储和处理数百万条信息，它有两个处理器，每个处理器每秒能进行百万次运算。

　　为什么说现代空战离不开空中预警指挥机呢？主要原因是，现代空空导弹可从几十千米甚至上百千米的距离向任一方向上进行发射。互不见面

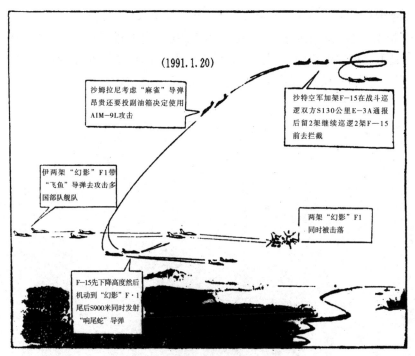

(1991.1.20)

沙姆拉尼考虑"麻雀"导弹昂贵还要投副油箱决定使用AIM—9L攻击

沙特空军加架F—15在战斗巡逻双方S130公里E—3A通报后留2架继续巡逻2架F—15前去拦截

伊两架"幻影"F1带"飞鱼"导弹去攻击多国部队舰队

两架"幻影"F1同时被击落

F—15先下降高度然后机动到"幻影"F·1尾后S900米同时发射"响尾蛇"导弹

沙特空军2架 F—15C 击落伊拉克2架"幻影"F1示意图

的超视距空战，已逐步成为未来空战的主要样式。而要赢得空战的胜利，就必须借助空中预警机的威力。具体理由有以下几点：

（1）预警速度快，为空战提供有力的保障。世界上不论什么地方需要预警机，它都可以在 10 小时内到达，并立即开始担任空中警戒任务。

（2）探测范围大，为空战赢得宝贵的时间。它在 9000 米高度上可探测距离 500～700 千米的目标，活动半径 800 千米，预警范围可达 1300～1500 千米，对低空警戒覆盖面积达 50 万平方千米，比地面雷达的功能高数十倍，提前预警时间达 20 分钟。

（3）作战指挥效率高，为空战提供不间断的指挥和控制。它能同时跟踪 600 个目标，识别 200 个目标，指挥引导 100 多架飞机作战。

（4）续航时间长。图－126 预警机经空中加油可连续飞行 21 小时。E－3A 预警机平均每次飞行的时间约 15 小时，任务有效率达 99％。

　　海湾战争中，多国部队在不到 10 万平方千米的区域内，平均每天实施 2616 架次的有条不紊的空中作战，没有空中预警机进行这种繁忙的空中调度，是不可想象的事情。因此，人们把预警指挥机誉为空战指挥的"神经中枢"，空战兵力的"倍增器"。（丁步东）

为什么加油机倍受青睐

　　加油机，是为飞行中的各类作战飞机补加燃油的保障性机种。自美国空军在朝鲜战争首次使用以来，已有大半个世纪。过去，人们并没有把这种"敲边鼓"的保障机放在眼里，世界上有此飞机的也不过美、苏、英等几国。然而，在近期的几次局部战争中，加油机却大出风头，俨然以空中"输血者"自居，成为空中机群必不可缺的战斗要员，引起了各国军界的极大注目。

　　从空战情况看，空中加油机的使用，一是增大了飞机的航程和作战半径。作战时，航空兵无须事先机动到前沿机场，部署在数千千米以外即可直接袭击对方。1986年4月15日，美国空军18架F－111E战斗轰炸机，从英国的拉肯希思空军基地起飞，经北大西洋，直布罗陀海峡，穿越地中

空中加油

海袭击了利比亚，空袭后又沿原航线返回出发基地，往返途中6次空中加油，连续飞行1万多千米，创造了该机不着陆飞行的最高纪录。使过去根本无法执行的任务成为可能。二是增加了作战飞机的载弹量。飞机由于受最大起飞重量的限制，在执行远程作战任务时，若要多装燃料，就必须减少载弹量，而有了空中加油后，则可最大限度地增加载弹量。三是延长了留空时间。对于执行空中巡逻任务来说，延长飞机的留空时间，将可以大大地节约兵力。举例说，上级命令某歼击部队，8点～9点30分在某空域保持4机巡逻，若巡逻飞机的留空时间为1小时20分钟，那么，扣去往返航线飞行50分钟，在空域巡逻飞行只有30分钟，显然，完成此任务需要12架飞机。如果经空中加油（1次）可延长1小时的留空时间的话，则4架飞机就可以完成此项任务。

为此，近年来许多国家都在积极发展空中加油技术。不难预见，随着空中加油技术的普及和加油机性能的改善，未来轰炸机的平时部署可能就是战时部署，空中战场还将得到进一步拓展，空中作战将更具远战性、快速性和突然性。（郭力军、高胜利）

为什么飞机的"拉烟"具有重要战术意义

你在观看飞行表演时，一定会看到搏击长空的银燕，在碧蓝的天幕上喷洒缕缕"白烟"。随着银燕上下翻滚，好像洁白的绸带在万里长空中轻舒慢展、逶迤拂飏，实在是一种迷人的景象。

飞机"拉烟"是怎么回事？难道拖在飞机后面的万丈"绸带"真是从飞机里喷出的烟吗？不！它不是烟，而是高速喷气飞机飞行时，由于热力和动力的原因形成的一种特殊的云，气象上叫做飞机凝结尾迹。飞机凝结尾迹按其产生的原因，主要有三种：一种是废气凝结尾迹，即飞机在飞行时燃烧了大量煤油，由飞机排出的废气中的水汽凝结而成的尾迹；第二种是废气蒸发尾迹，即由飞机排出的高温废气，使空中原有的云蒸发掉所形成的一条无云狭长的云隙，故称废气蒸发尾迹；第三种是对流性尾迹，即飞机喷出的高温废气与周围空气混合后产生上升运动，当升到凝结高度以上时所出现的尾迹。飞机产生的这些尾迹，看上去好像是从飞机尾部喷出去的烟，所以人们通常称之为"拉烟"。

飞机凝结尾迹出现后，人们可以凭借机尾白色云带，对几十千米以外的飞机、队形、位置、飞行方向均可一望而知，而没有尾迹时，则十几千米远都难以看到。由于尾迹成为飞机飞行的显著标志，它不仅能把飞行表演点缀得更加绮丽壮观，更重要的是，对空战行动具有很大的战术价值。

1958年10月10日，我航空兵某部，在一次空战中，以1架飞机在尾迹层中飞行作为"诱饵"，主要的机群在云层上飞行，隐蔽待战。4架敌机以为有利可图，即向我尾迹层中的飞机发起攻击，正当其尾追我机时，遭到上空我隐蔽机群的突然打击，结果我空军健儿取得了一举击落敌机3架的辉煌战果。尾迹虽然能在战术上作为"诱饵"引敌上钩，同时，也易暴露自己的踪迹。所以，一般应避免在尾迹层中飞行。

可见，空战中掌握和利用"拉烟"的暴露效应，趋利避害，是指挥员运用战术要考虑的重要因素之一。为此，在作战气象勤务中，准确地预报尾迹层的高度，是航空气象工作者的一个重要任务。（郭力军）

为什么预警指挥系统往往
是空袭的首选目标

1991年2月17日，海湾战争爆发。以美国为首的多国部队航空兵，首先兵分两路，以AH-64直升机于空袭发起前21分钟，攻击了伊拉克境内的预警雷达站；以进入伊预警雷达监视范围内的F-117隐形轰炸机，于空袭发起前9分钟，攻击了伊拉克的南部防空截击指挥中心，一举遏制了伊拉克的防空体系，拉开了42天千机连续大轰炸的序幕。

为什么伊位克的防空预警指挥系统成为多国部队空袭的首选目标呢？这需要从防空体系的构成和预警指挥系统的地位与作用来说明这个问题。

一般国家的防空体系，通常由5个系统构成：一是预警指挥系统，包括预警雷达与情报侦察、指挥控制机构、信息传输网络3个部分；二是兵力打击系统，包括航空兵、地空导弹兵、高射炮兵等打击力量；三是作战保障系统，包括机场、阵地、航空工程以及后勤保障等；四是防护系统，包括对空拦障设施，飞机、兵器、车辆、人员的伪装设施和地下防护设施等；五是人民防空系统。

如果我们再进一步分析一下预警指挥系统的组成要素，那就不难看出，预警雷达是防空的"千里眼"，指挥控制机构是支配作战行动的"大脑"，信息传输是联结各系统、各要素的"神经网络"。因此，预警指挥系统是防空体系中最重要、最敏感的组成部分。如果把后4个系统比做人体四肢的话，那么，预警指挥系统就形如人的头脑；如果说哪个手腿残缺，都会降低人体的活动能力的话，那么，大脑一旦失灵，即使四肢再健全，也形同虚设，发挥不了丝毫作用。譬如，海湾战争中伊拉克预警指挥系统

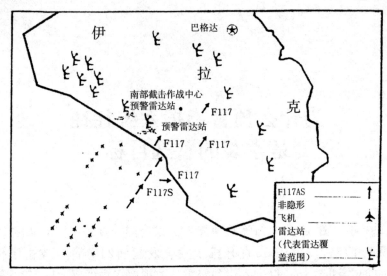

1月17日日发起攻击之前21分钟，直升机、F－117A和F－15E飞机相对于伊拉克预警雷达、截击作战指挥中心、地区防空作战中心和地空导弹阵地的位置图

被摧毁后，整个防空体系一片混乱，防空歼击机不知是藏还是打，飞机升空后不知飞向何处去截击，数以千计的地空导弹、高射炮无的放矢地向空中盲射，空袭进行了40分钟人民防空警报才迟迟拉响。由此可见，预警指挥系统在防空体系中是具有统领作用的要害环节，只要使其丧失功能，就会瘫痪整个防空体系。

因此，现代空袭作战，往往是首先打击对方的预警指挥系统，肢解其防空体系；尔后再突击对方的打击系统，从根本上消灭对方的抗击和反击能力。（高胜利）

为什么低空突防成了空袭的惯用手段

　　1967 年 6 月 5 日，第三次中东战争爆发，以色列空军对埃及发起突然袭击。以军的战斗轰炸机编队，在陆地上空以 50 米以下高度贴着地形起伏飞行；进入地中海上空后，飞机又以 10 米以下高度擦着浪尖飞行，海浪溅起的浪花，不时溅落到飞机上。当机群飞到尼罗河三角洲北部海域时，机头突然向南一转，进入埃及领空。埃及的防空雷达未能及时发现，待到雷达荧光屏上出现敌机时，已为时过晚，地空导弹还没来得及装上发射架，歼击机还没来得及起飞，就遭到以机的猛烈突击。以色列一举空袭了苏伊士运河以西的 10 多个机场，摧毁 300 多架飞机，使埃及空军完全丧失了作战能力。在现代局部战争中，以低空（高度 1000 米以下）、超低空（高度 100 米以下）的方法，突破敌人防空体系，取得空袭成功的战例，可以说是举不胜举。

　　为什么各国空军都重视采用低空突防呢？

　　一是它可以缩短敌人预警雷达的发现距离。大家知道，雷达是防空体系的千里眼，它能发现几百千米以外的空中飞机，并可迅速测出飞机的位置、高度、速度、航向，以及概略机型等重要的空情参数。但是，雷达这个千里眼有个难以克服的弱点，我们可以从后面的附图看出，雷达的探测波瓣范围，在仰角 0.5 度以上，而且波瓣的下缘是一条上仰曲线。显然，雷达对愈高的目标，看得愈远；愈低的目标，看得愈近；仰角 0.5 度以下是雷达低空盲区，由于地球表面是球形的，愈远它愈向下弯曲，地平线以下的目标，雷达就无法看见了。这样，飞机以低空或超低空接近敌人的防空体系，可以大大缩短敌人的雷达发现距离，减少防空预警时间，使敌人

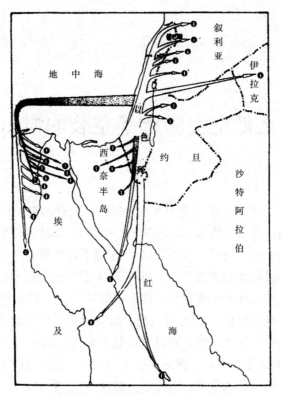

以色列空军突击埃及空军机场示意图

来不及作出反应。

　　二是它降低了敌人防空武器的战斗效能。比如某型地空导弹，对高度17000米的目标，火力杀伤半径是 30 千米，对高度 1000 米的目标，火力杀伤半径只有 17 千米，杀伤半径大大缩小，射击次数减少。对高炮来说，空中目标在速度相同的条件下，高度愈低，角速度愈大，因此对低空目标射击误差增大。防空歼击机，如果预警时间过短，不仅难以形成有利的空中拦截条件，甚至连起飞都来不及。

　　三是那些缺乏下视下射能力的歼击机和不能打低空目标的中、高空防空导弹，对低空飞机只能望之兴叹，鞭长莫及。

　　可见，低空、超低空飞行是突破敌人防空体系，减少自身伤害，增大空袭效果的重要手段。近年来，由于空中预警指挥机的广泛使用和低空防

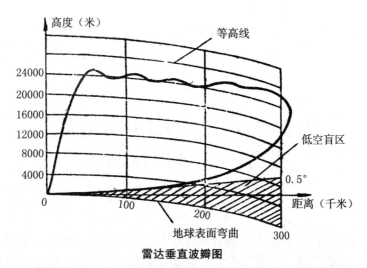

雷达垂直波瓣图

御武器的花色品种增多，给低空突防增加了一定困难。但是，随着机上综合地形跟踪/回避技术、全球卫星导航定位系统等先进设备的使用，又为低空、超低空突防提供了新的有利条件。以低空、超低空方法突防，依然受到各国的青睐。（高胜利、郭力军）

为什么突防多采用小编队、
多方向、多层次战术

1967年6月5日清晨，在地面军队发起进攻之前，以色列空军首先集中约250架作战飞机，对埃及本土和西奈半岛的11个空军基地实施战略空袭，企图在战争一开始就置埃及空军于死地，一举夺得制空权。空袭分三个波次进行：

第一波次于7时45分开始。以色列空军以小编队（4机）、多批次、超低空向西出航，进入地中海后保持高度10米左右，后段升高到40～50米，飞过尼罗河三角洲北部海域之后，突然转向东南，入陆时高度下降到20米，到达目标区上空时高度为100～150米，从其防空薄弱的、埃军意想不到的后方进入，实施空袭。埃及尼罗河地区、运河地区和西奈半岛上的9个主要机场，同时遭到了空袭。空袭中，有2架以机在4分钟内击毁了16架埃机。

第二波次于8时15分开始至12时30分结束，相继突击了其他8个机场。第三波次于17时15分至18时又突击了开罗国际机场和巴纳斯空军基地，完成了最后一击。与此同时，以色列空军于12时45分至15时45分，依次空袭了约旦两个空军基地、叙利亚5个空军基地、伊拉克一个机场。

战争第一天，以色列空军同时空袭了26个机场。只用两天时间，以空军就击毁埃及、约旦、叙利亚三国共416架飞机，使埃及作战飞机损失90%，约旦损失一半，叙利亚损失1/3，而以机仅损失26架，双方的飞机损失比16∶1。以军很快就赢得了制空权。

以色列空袭阿机场的战例，就是采用小编队、多方向、多层次突防战

术。所谓小编队、多方向、多层次突防，是指航空兵出动较多兵力，对同一目标或目标群进行突击，以若干小编队、按不同方向、不同高度实施突防。采用这种突防战术，能充分利用广阔的空间，形成纵深主体部署；有利于各编队互相配合、互相掩护；可使敌难以准确、迅速判断突击编队的行动企图，干扰敌指挥决心；能够分散敌对空火力，减少其射击主要突击编队的火力单位数量。这种突防战术，指挥和协同比较复杂，需要正确确定编队的间隔、飞向目标的航向和高度、各编队之间的间隔时间。确定编队的间隔距离，应有利于造成敌雷达判断错误，降低高射兵器的射击效果，减少一枚导弹（高炮一次点射）所能毁伤飞机的架数。多方向突防实际上就是突击编队沿数条航线向目标飞行。当作战区域敌对空防御较弱或未形成环形梯次配置时，通常从多个方向进入目标，才能分散敌防空火力。多层次突防，是通过对各批次配备不同的飞行高度来实现。如突击编队在低空、超低空飞行，电子战飞机在中空实施电子干扰，佯动编队在较高的高度实施佯攻。各编队之间安排间隔时间，是为了避免敌高射兵器集中火力对编队逐次射击。因此，各突击编队之间的间隔时间应小于地空导弹和高炮转移火力的时间。（丁步东）

为什么空袭要采用多机种混合编队

第二次世界大战以后，随着科学技术的迅猛发展，空中力量发生了巨大变化。各种高性能新型作战飞机和新型空袭武器弹药的大量使用，使空中力量在空袭作战中的突击威力有了成倍的增长。但与此同时，地面防空力量也有了极大的改进，尤其是地空导弹系统实现了高、中、低空和远、中、近程的多种型号以及多种功能配套。此外，争夺电磁频谱的控制权和使用权的斗争也日趋激烈。因此，在现代空袭作战中，空中力量将面临大量的现代化地面防空兵器的有力抗击和复杂的电子斗争环境的干扰。在这种情况下，仍像第二次世界大战中那样，仅仅以清一色的轰炸机或依靠歼击机对轰炸机进行护航的空袭作战样式，不但完不成空袭任务，甚至空袭编队还没有到达目标上空或刚刚接近突袭目标，就有被对方击落的危险。为了适应新的复杂的战场环境，保证空袭任务的完成，空袭必须采用多机种混合编队。

多机种混合编队通常由掩护编队、压制编队、干扰编队、突击编队、保障编队等编成，作战中根据各机种的使命和运用方式，一般是，空袭时，首先由电子战飞机向敌方防空预警系统施放强烈的电子干扰，进行"软压制"；其次由压制飞机用反辐射导弹摧毁对方的雷达站；最后由突击飞机对敌方的重要目标进行空中突击。在空袭过程中，掩护兵力一直在战区上空进行监视和巡逻；空中加油机和空中救援飞机若干架在预定的安全空域飞行，听令为战斗机加油和实施空中救援任务；整个空袭由空中预警指挥机统一指挥和控制。这种由战略飞机和战术飞机、作战飞机和保障飞机、固定翼飞机和直升机、有人驾驶飞机和无人驾驶飞机混合编队，形成一个集干扰、压制、突击、掩护、保障于一体的空中打击力量，其空中作战的威力大大增强。

　　下图为美军在越南战争中的"后卫"战役中的一个典型的多机种混合编队示意图。飞在最前面的是由 4 架 F－4G"野鼬鼠"飞机组成的"铁手"小队，负责探索和压制地面防空兵器；由 8 架战斗机组成的投放消极干扰物的飞机编队，尾随其后 2～3 分钟的飞行距离，负责铺设干扰走廊，保障突击编队突防；突击编队通常由 16 架轰炸机或强击机组成，同前面施放干扰物飞机编队保持 2～3 分钟的飞行距离；为防止越南歼击机的拦截，在整个编队的两侧有 5 个战斗机小队进行空中掩护和巡逻。此外，还有侦察机 2～4 架，施放电子干扰飞机 4～6 架，根据作战需要，有时还派出空中加油机及空中救援飞机若干架。总计突击兵力 16 架，而各种保障飞机则达到 50～60 架。

　　多机种混合编队在现代空袭作战中，突击飞机之间、突击飞机与保障飞机之间、各保障飞机之间，通过混合编组，达到功能互补、相互支援、作战效果互相利用，从而发挥出高效率的作战功能。高效率的作战功能不仅表现在对敌方目标的突击上，而且也表现在对敌方防空体系的压制上。它可以同时有效地完成突击目标和压制防空的双重任务。由于多机混合编队，既有大小不同机型的突击飞机、保障飞机，也有侦察、骚扰、诱饵佯动的飞机，使敌方防空系统在一定时间和一定空域内，增加了防空的复杂性，造成了敌防空系统

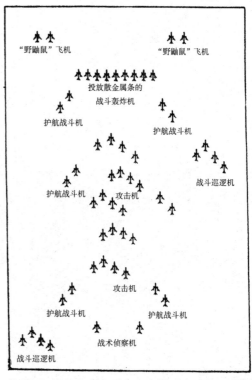

"后卫"战役中突击兵力和支援兵力组成示意图

的数据率大幅度增加，以致远远超出抗击作战所能处置和打击的能力。同时，它具有"软""硬"兼备的杀伤能力。使用电子战手段的"软"杀伤，其电磁频谱范围可覆盖敌方整个防空作战的情报、侦察、指挥和控制系统，可使敌方雷达迷盲、通信中断、指挥失控、武器失灵；使用专用（如反辐射导弹）与通用武器相结合的"硬"杀伤，可使防空作战的兵力兵器生存面临直接威胁。从而使空袭作战达到最佳作战效果。（丁步东）

为什么现代空袭多采用同时轰炸

　　第二次世界大战时期，由于各国轰炸机受载弹量、瞄准设备和航空炸弹性能的限制，多采用增大轰炸机数量和投弹密度的集中轰炸战术，来突击地面目标。如1939年9月25日，德国为迫使波兰政府投降，出动轰炸机400余架，投弹量600多吨，将波兰首都华沙炸成一片火海。9月27日晨，波兰政府宣布投降。1940年11月，希特勒为制造恐怖和夺取制空权，对英国航空工业中心考文垂进行了大规模的集中轰炸。从11月14日黄昏至15日黎明，出动轰炸机450余架，投弹500余吨，一夜之间，考文垂全城被毁。英国轰炸航空兵司令哈里斯为雪考文垂市之耻，选择了与考文垂市同样大小的德国卢卑克，于1942年3月28日夜，出动重型轰炸机500架，投弹500余吨，也使卢卑克市"考文垂化"。1943年7月24日，英军对德国汉堡市进行了史无前例的"千机大轰炸"，创造了一次投弹2500吨的记录，每分钟投弹密度达46吨。轰炸后产生的强烈冲击波，在汉堡市燃起了"风暴性大火"。

　　但是，20世纪60年代以后，随着轰炸航空兵装备质量的提高和战场环境的改变，特别是地空导弹的出现，轰炸航空兵战术发生了重大变化。集中优势兵力，速战速决式的"同时轰炸"得到了较多的运用和发展。如1972年美军对越南北方的"后卫-Ⅱ"空中战役（11天大轰炸）其中12月26日夜共出动B-52轰炸机120架，F-111战斗轰炸机30架和其他作战飞机200余架次，同时轰炸了河内、海防和太原的重要目标。其轰炸的重点是河内，使用72架B-52轰炸机，分4个机群，从四个方向进入，均于22时30分对河内周围半径约20千米的7个目标，实施了"同时轰炸"。轰炸持续时间约 15 分钟，共投弹 1500 吨，平均每分钟 100 吨。经过 11 天的大轰炸，促进了巴黎停战协定的签字。

所谓同时轰炸，就是轰炸航空兵以若干编队，在同一时间内，分别对若干目标或某一目标系统，实施的空中突击。目的是在短时间内，摧毁彼此关联或性质相同的若干目标，使其同时受到打击而丧失作用能力，如数个相邻的机场，某段铁路线上的几个车站、桥梁和渡口，某一军事工业的工厂、仓库等。

现代空袭多采用同时轰炸的原因有：同时轰炸时，战斗活动在较大的空间范围内进行，敌难以分清主要作战方向和次要作战方向，无法组织起强有力的抗击，因而易于达成隐蔽突然；它有利于分散敌防空兵力，使敌陷于顾此失彼的境地，从而提高突防概率；各空袭编队轰炸所产生的效果，能够互相影响或互为补充。其巨大的战术效应，不仅可为地面部队的当前行动创造条件，而且可对尔后的作战行动产生影响，可同时使若干部队和作战方向受益。因此，同时轰炸战术多是在较大规模的战役、战斗发起之初采用。（丁步东）

为什么空袭多选择在夜间

1982年4月14日傍晚，美国空军的24架F-111战斗轰炸机，30架KC-130、KC-135空中加油机，5架EF-111电子战飞机，从英国伦敦附近的三个空军基地起飞，经4次空中加油，绕过法国和西班牙西海岸，穿过直布罗陀海峡，夜间长途奔袭1万多千米，悄悄飞抵地中海上空，以3个编队直奔利比亚首都的黎波里的阿齐齐耶兵营、军用机场和西迪巴纳尔港。早已等候在地中海海域的美国海军第六舰队的舰载机55架分2个编队直飞班加西。4月15日凌晨2点，利比亚人正在梦中，一场夜间空袭开始了。几十枚反雷达导弹，100余吨激光制导炸弹、集束子母炸弹，铺天盖地地投掷下来。霎时间，利比亚首都的东西两域火光冲天，雷达站、兵营、导弹阵地、飞机场，都被炸毁。有的炸弹不偏不斜地落在"连地面间谍都难以找到的"利比亚总统卡扎菲当晚居住的地方。整个战斗只持续了18分钟。

无独有偶。美军空袭格林纳达也是天未亮开始的；海湾战争多国部队的首次空袭同样是在深夜发起的。夜间空袭已成为当今军事指挥员制定作战计划时首先考虑的主要方案之一。

为什么空袭大多选择在夜间实施呢？

首先，夜视技术的发展为夜间空袭提供了保证。用红外和微光两大技术制成的夜视热成像仪，不但能"变"黑夜为白昼，辨别伪装目标，而且能在恶劣气候条件下实施观察，并且不受火炮烟雾和闪光的干扰。红外瞄准装置的夜视有效距离可达10～16千米；红外望远镜，可在黑夜中阅读地图、识别路标，能观察到400米之外的人、600米之外的车、750米之外的

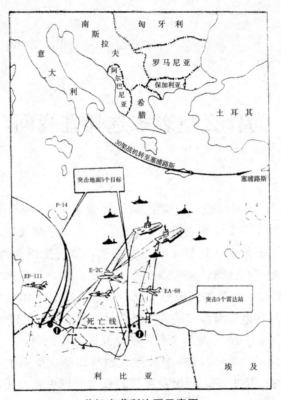

美机突袭利比亚示意图

坦克、400米之外的舰船；红外制导的导弹，具有很强的抗干扰能力，打了就不用管。它比可见光成像系统的命中率高出3～5倍。

其次，夜视技术发展的不平衡性，导致了夜间战场的单向透明。夜视技术相对落后的一方，由于夜间视界不良，可用于抗击和反击作战的兵力大大减少，难以实施大兵团协同作战，充其量只能出动小股部队或游击队，进行一些袭扰活动；由于航空兵器飞行的快速性，在夜间组织大机群联合作战更是不可思议的事。因此，海湾战争中，多国部队凭借夜视技术的优势，把主要作战行动的发起时机选择在夜间，并在夜间保持高强度的突击。整个战争中，夜间飞机出动的架次占总出动架次的70％。夜幕将不再是劣势装备之军的保护伞，而是优势装备之军的护身符。（丁步东）

为什么说在现代战争中
天战已经拉开了序幕

孙悟空大闹天宫是古时候人们幻想中的故事,然而,现在将逐步成为现实。不同的是,大闹太空不是神仙之间的争斗,而是人类的相互对抗。

1957年10月4日,苏联首次将"人造地球卫星—1号"送上太空。美国紧紧追随,于1958年1月31日也把第一颗人造地球卫星"探险者—1号"送上太空。从此,两个超级大国展开了一场激烈的太空争夺。此后,美国和苏联相继发射了几千颗各种类型的人造卫星,还多次成功地发射了载人宇宙飞船和航天飞机。如1969年7月,美国发射的"阿波罗11号"宇宙"飞船首次在月球成功着陆,阿姆斯特朗成为第一个踏上月球的人,并采回月球岩石标本。在这几千颗各类卫星中,大部分是用于军事。这样,就为天战奠定了基地。

其次,为了进行天战,美国和苏联都积极进行组织准备。早在60年代,美国和苏联就探讨建立天军问题。1964年苏联成立了国土防空军空间防御司令部。接着,美国陆、海、空三军的弹道导弹防御司令部或航天司令部也相继成立,1985年由陆、海、空军和海军陆战队4个军种组成联合航天司令部,后称美国航天司令部,总人数将近12000人,统一组织和管理军事航天活动和指挥太空作战。

另外,美国和苏联还积极进行反卫星和反弹道导弹等的天战武器和作战方法的试验和演习。1982年,苏联就进行了一次大规模的战略核武器演习,卫星对卫星、导弹对导弹,在太空中对抗。尽管是模拟演练,但是它的确是为了真正的天战作准备。

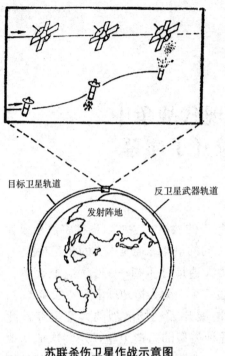

目标卫星轨道　　　　　　反卫星武器轨道

发射阵地

苏联杀伤卫星作战示意图

回顾近期发生的几场局部战争，不难看出，天战已经拉开了序幕，太空战场对于支援陆、海、空战场，已经发挥了很大的作用。例如，1973 年 10 月第四次中东战争，阿拉伯国家曾借助于苏联侦察卫星提供的军事情报，在战争初期，取得了辉煌战果，掌握了战场的主动权；而以色列在危难时又根据美国侦察卫星及时提供的军事情报，转败为胜。1982 年英阿马岛战争中，美国的侦察卫星向英军提供大量军事情报；苏联的侦察卫星则向阿根廷军队提供军事情报。据有关资料报道，阿根廷空军用"飞鱼"导弹击沉英军装备精良的"谢菲尔德"号导弹驱逐舰，就是由苏联的海洋监视卫星提供该驱逐舰的具体位置。

随着科学技术的发展，太空中更加不安宁，激烈的天战将进一步展开。

为什么未来天战将更加激烈

随着航天技术的迅速发展，太空已成为军事争夺的最激烈领域之一。军事强国都把控制太空，作为赢得未来战争的必要条件，相继组建天军，积极发展天战武器，努力开辟太空战场，使未来的天战更加激烈。

1984 年 1 月 6 日，美国前总统里根正式批准"星球大战"计划（也称"战略防御计划"）实施。原计划设想分 4 个阶段进行，到 21 世纪初彻底完成，预计耗资 1 万亿美元。目的是为了同前苏联展开一场激烈的天战。虽然克林顿总统上台后，出于财政经济等多方面的考虑，对外宣布停止"星球大战"计划，但是，他们争夺太空、准备天战的步伐一刻也没有停止过。"星球大战"计划提出不久，1984 年 11 月 27 日，日本也提出了"关于适应新的形势，立足于长期展望的、振兴科学技术的综合基本对策"，明确规划了今后 10 年的科技发展蓝图。1986 年 12 月，日本又公布了一项高技术发展计划"人类新领域研究计划"。他们对太空这个新的领域垂涎三尺。西欧各国也不甘落后，法国总统密特朗于 1985 年 4 月提出了"尤里卡"计划，与西欧一些国家密切合作，共同发展高技术，与美国和日本竞争。由此看来，他们都在磨刀霍霍，准备在下一个世纪打一场史无前例的天战。

目前看来，未来天战的形式是多种多样的，基本有以下几种：

一是航天器对陆、海、空战场的支援。利用部署在太空中的各种卫星、航天飞机、载人飞船等航天器，为陆战、海战和空战提供各种作战保障。如在海湾战争中，多国部队动用 70 余颗各类卫星，提供侦察、监视、预警、导航、通信、气象等保障。

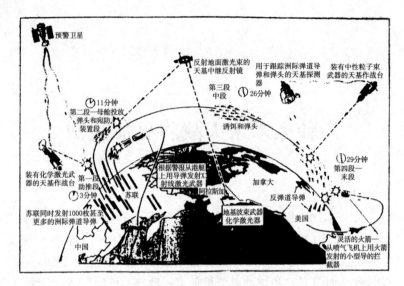

二是卫星与反卫星作战。太空中的军用卫星担负多种军事任务。有的进行情报侦察，如美国目前 80% 以上的军事情报来源于侦察卫星；有的进行通信联络，如海湾战争，多国部队通信卫星网保障中央总部与美国白宫、五角大楼及盟国之间每天高达 70 万次以上的通信业务量；有的进行导航；有的进行气象预报等。这些卫星，作为天战的耳目、神经，必然受到敌方的攻击。反卫星有多种方法。有的是用卫星反击，在卫星内部装上炸药，控制它的运行，到要打击的卫星附近爆炸将敌方卫星摧毁；有的是通过发射导弹将卫星摧毁；还有的采用激光将卫星摧毁。因为激光的方向性强、速度快、能量大，类似手电筒一样，当照射到敌方卫星上，以其高温和强大的能量马上将卫星摧毁。

三是导弹与反导弹作战。导弹射程远、精度高、速度快、威力大。有的可携带核弹头，是天战的主要武器之一。伴随导弹武器的发展，也涌现很多反导弹武器，二者展开激烈的斗争。如导弹、激光武器和动能武器等。美国、俄罗斯等发达国家都在积极发展反导弹系统。俄罗斯现部署有 100 部 ABM‐1B，SH‐11 和 SH‐08 式反导弹系统。美国则有"爱国者"导弹系统等。

为什么科学技术越发达，
电子战的作用就越大

电子战又叫电子对抗，是敌对双方利用无线电电子设备、武器或器材所进行的电磁斗争。电子战的目的就是破坏或削弱敌方电子设备效能，使其电子战系统不能正常工作，同时保障己方电子设备免遭敌人破坏和干扰，充分发挥己方电子战系统的效能，夺取整个作战的胜利。

在古代冷兵器时代，士兵靠长矛、弓箭、大刀作战，指挥官靠擂鼓指挥作战，靠烽火和骑手传递情报，这时没有电子设备，当然没有电子战。随着雷达、通信电台的出现，电子战也就出现了，并且随着科学技术的发展和现代战争需要，无线电技术在军事上的应用越来越广泛，高技术武器越来越多，从而使电子战的作用也就越来越明显。

越南战争初期，美国空军的飞机上没有装载电子干扰设备时，越方使用苏联的"萨母-2"地对空导弹，平均发射十几枚就击落一架美国飞机。美国为了对付越方地对空导弹的制导雷达，紧急动员力量研制电子干扰设备，装到飞机上用于自卫，并派电子干扰飞机进行支援。这时越方需要发射几十枚导弹才能击落一架美国飞机，导弹消耗增加5倍左右，而美国飞机的损失则大大降低。

科技愈发达，武器装备愈先进，对电子设备的依赖性就愈大。例如，坦克、飞机、军舰、导弹等都装有电子设备，尤其是雷达、通信、导航、自动化指挥系统中更是大量集中地使用电子装备。这时只要能采取有效的电子对抗手段，使敌方电子设备失灵，就会使敌方通信中断、武器失控、指挥瘫痪，无法进行战斗。所以科学技术越发达，对电子设备的依赖性越大，电子战的作用就越大。（全寿文）

为什么在现代战争中要求
建立一体化电子战系统

一体化亦即多功能综合化或俗称"多合一"，收录放机"三合一"家用电器就是一体化的一个通俗实例。一体化软武器系统（电子侦察和干扰系统），就是以电脑为中心，将通信电子战、雷达电子战和光电战的某些分系统综合为一体，以发挥软武器系统一体化的高效性，提高信息综合处理能力和快速反应能力，对付各种威胁，以及共享资源，简化系统，减少体积、重量和降低成本。这是在现代战争中，电子优势上升为战略要素条件下，夺取高技术战场"制高点"的需要。

随着新技术革命和高技术战的发展，武器系统继解决了爆炸力和射程之后，其发展重点目前已转向 C^3I 系统和一体化武器系统，着力谋求精确

"爱国者"防空导弹

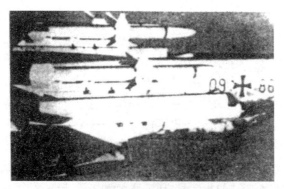

"哈姆"高速反辐射导弹

"斯拉姆"导弹

制导武器的高效性和一体化的高效性。这意味着 C^3I 已成为电子化高技术战场的生命线，同时又是现代军队和高技术武器易受电子干扰的致命弱点。这正是一体化软武器的用武之地。一体化软武器是 C^3I 系统和精确制导武器的克星。例如，对于雷达、激光、红外多传感器一体化火控系统，如果运用3种分立式软武器系统压制这3种传感器，一则难以协调、操纵，二则延迟反应时间，贻误战机，三则系统臃肿复杂，体积和重量大。

鉴于上述原因，军事强国竞相发展一体化软武器系统。例如，英、法联合研制的"女巫"是世界上第一部舰载反导弹一体化软武器系统，可投放 6 种干扰弹：①反辐射导弹诱饵——一种模拟舰载雷达的有源假目标；②舰外干扰机——一种遥控式干扰机，用于干扰反舰导弹的末寻的雷达；③长效电磁诱饵；④红外、电磁组合诱饵；⑤热气球组合诱饵——由气球和箔条组成；⑥吸收性光学干扰器材——从可见光到 14 微米波段有效。再如，美国研制的"伙伴"移动式雷达—通信一体化软武器系统。其中，对雷达的干扰频段为 1～12 千兆赫，并可扩展到 40 千兆赫，干扰功率为 250～1250 千瓦；对通信的干扰频段为甚高频和特高频，干扰功率为 500 瓦。

（李春玉）

为什么在现代战争中要
运用威胁告警系统

在现代战争中，飞机、舰艇和坦克等武器，面临着复杂的电磁环境。目前的电磁信号密度达每秒 20 万个脉冲。1 架在 1 万英尺高空飞行的飞机，同时会受到 600～700 个频率不同的雷达波束照射。其信号格式五花八门，在复杂的电磁环境中，武器面临着精确制导武器的严重威胁。其制导模式多样化，包括雷达、红外、激光、电视等各种制导模式，使武器平台对精确制导武器防不胜防。要从宽频段、高密度、多样化的复杂电磁威胁环境中，分选和识别威胁等级高的信号，如同大海中捞针，要想"死里逃生"，就要装备"聪明"的"电子狗"——威胁告警系统。其功能主要有：

全方位捕捉威胁信号、自动分选并识别威协等级后，一路送至威胁告警显示器，向驾驶员显示威胁态势并告警，以便实施规避机动；另一路用于引导有源和无源干扰，对威胁实施软压制。

在海湾战争的空袭战役中，美军的电子战飞机 F－111A 在执行护航任务的过程中，当飞到巴格达近郊接近防空导弹阵地时，驾驶舱里的"电子狗"突然发出急促的"狂吠"告警声，并且在雷达告警显示器上向驾驶员提供飞机正在被导弹跟踪的威胁信号。同时，自动引导干扰投放器投放箔条云和闪光弹，为导弹部署雷达诱饵和红外诱饵。说时迟，那时快，驾驶员即刻采取俯冲和急转弯闪避机动，结果甩掉了导弹，使导弹飞向诱饵并在箔条云附近爆炸。

现代军用飞机普遍装备威胁告警系统。例如，美国空军 F－16 等飞机装备的 AN/ALR－69 雷达告警装备和 F－111 等飞机装备的 AN/AAR－

34 红外告警装备，以及 B - 52 飞机装备的 AN/ALQ - 153 导弹威胁告警装备；美国海军各舰型大多数装备 AN/SLQ - 32（V）型雷达告警装备。

随着导弹制导方式多样化，威胁告警系统趋向多模一体化。例如，美国陆军机载 AN/APR - 39A 是雷达－激光威胁告警系统。美国空、海军计划生产的 INEWS一体化电子战系统也具有雷达和激光告警功能。（全寿文）

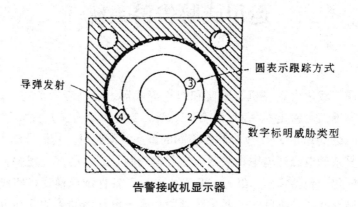

告警接收机显示器

为什么在现代战争中要实施电子侦察

众所周知，侦察是获取敌人情报的一种重要手段。在过去的战争中，主要是通过派遣侦察员深入前线或敌方来完成侦察任务的。但是，随着科学技术的发展、武器装备的更新和作战方式等的变革，传统的侦察方法已远远不能满足情报的需要，而且在有些时候这种传统侦察方法不但有很大局限性，而且还不容易实现。

在现代武器装备中，通信、雷达、指挥控制系统等无线电设备大量应用，可以说它们的效能发挥将决定战争的胜负。由于这些设备在工作时都会向空间发射电磁波，因此它们在传递有关情报的同时，也在向对方泄漏自己的有关情报。因此，电子侦察就成了在现代战争条件下一种重要的侦察手段。

电子侦察就是通过接收、检测、识别、分析、测向、定位和破译军事情报等一系列过程，来获取敌人无线电设备的各种技术参数，并确定其类型、性质、用途和配置情况，以及军事机密等。从而为自己的军事行动和装备研制等提供决策依据。电子侦察可以分为技术情报侦察和战术情报侦察。

技术情报侦察就是通过电子侦察来发现敌无线电设备的技术参数和性能特点，从而帮助了解敌人无线电设备的发展动向和技术水平，作为我们研制新装备的依据。技术侦察通常要掌握设备的工作频率、调制类型、工作体制等，这主要靠平时的长期侦察、分析完成。

战术情报侦察就是通过电子侦察来确定敌方电子设备的配置方位、活动规律、组网特点、威胁程度，以及军事机密等，从而可以帮助确定敌人的兵力部署、指挥机关位置、武器系统配置、指挥隶属关系等。另外，还可以通过窃获敌人的通信联络等而掌握敌人的意图和行动方案等。战术侦察有助于己方采取适当的进攻或防御行动。

电子侦察在现代战争中是必不可少的，详尽而周密的电子侦察能使己方随时掌握敌情，采取合适的对策，从而掌握战争的主动权。（全寿文）

为什么现代军事通信要采用跳频技术

  通信是现代军队和高技术武器系统的中枢神经，一旦通信瘫痪或信息失密，即使兵力再强大，武器系统再先进，也难免遭到惨败命运。海湾战争已充分证明了这一点。因此，通信干扰与抗干扰，侦察（含测向、定位、窃听以及测量信号的特征参数）与反侦察便成为兵家必争之"地"。

  然而，传统的通信系统在选定的频道内以固定频率通信，易被敌方侦察和干扰，不能适应电子战要求。于是，跳频通信技术便应运而生。顾名思义，跳频通信技术就是通信双方的工作频率频繁地作跳跃式的同步变化的一种无线电通信方式。其载频在较宽的频段内，以一定速度跳变。跳频技术是通信抗干扰和反侦察的有效手段。

  跳频通信增加了侦察难度。跳频通信在较宽的工作频段内有几十个乃至几百个跳频点，工作频率跳来跳去，快速跳频速度高于 500 跳/秒，信号频率瞬息万变，弄得"眼花缭乱"，为信号分选和识别造成困难；使传统侦察接收机失效，而新体制侦察系统即使收到几个跳频信号后，一时也搞不清究竟是几个电台的信号，还是同一电台的几个跳频信号。待恍然大悟后，已时过境迁，贻误战机。

  另一方面，跳频通信也降低了干扰效果。跳频速度很高时，即使电调谐自动跟随式干扰也难于即时反应。结果，在频率上和时间上瞄不准目标信号，从而大大降低了干扰效果。对瞄准式干扰来说，由于频带窄，一部干扰机不可能压制所有频率点。而阻塞式干扰则需要使有限的功率分散在若干跳频点上，大大降低了干扰强度。

  例如，美军预警飞机 E－3 装备的"杰梯子"联合战术信息分发系统

（通信—导航—识别一体化系统）在 960～1215 兆频工作频段内，有 51 个跳频点，跳频速度高达 38461 跳/秒，即每 26 微秒跳频 1 次。若以描频方式侦察全频段，则需要 326 微秒的反应时间。若每部干扰机压制两个跳频点，实战中压制其中 1/3 跳频点即可生效，则需要 8 部干扰机。

英国研制的"美洲虎"跳频电台曾在世界上已在40多个国家和地区"安家落户"。（胡永福）

为什么在现代战争中要实施电子干扰

在现代战争中，无线电装备的用途大致可分为以下几类：一是用于通信联络，二是用于侦察敌人的有关情报，三是用于对目标进行监视探测，四是控制武器装备准确攻击目标。电子设备能否顺利发挥作用，对于战斗行动能否成功具有非常重要的影响。

电子干扰的根本任务就是不让敌人的电子设备顺利工作。通过实施电子干扰，就可以使敌人的雷达不能发现己方的飞机、舰艇、导弹等，从而使敌人无法防备己方的攻击；通信系统是现代军队组织战斗指挥的主要工具，电子干扰可以破坏敌人的通信，使前线的情报不能报告给指挥所，上级的命令无法下达到执行单位，参战的各支部队不能进行相互协调，从而使敌人的战斗力大为减弱；而对敌人用于武器制导等的电子设备进行干扰则可直接降低导弹等的命中率，从而减少己方的损失。电子干扰还可以防止敌方的侦察设备对己方电子设备进行电子侦察。

电子干扰亦可以用来制造一系列假情报、假目标，从而诱使敌人决策失误。

在战争中有不少成功应用电子干扰而取得战斗胜利的战例。最典型的是多国部队在海湾战争中，由于成功地对伊拉克的雷达和通信系统进行了电子干扰，伊拉克的雷达无法发现多国部队的飞机，通信系统不能进行有效的通信联络，结果使多国部队以很少的伤亡代价就取得了作战的胜利。从某种意义上讲，多国部队在海湾战争中的成功是成功地进行电子干扰的结果。

目前，电子侦察卫星、预警飞机等已广泛应用于战争中，它们能在远距离对敌军的目标进行侦察并引导攻击武器进行攻击，传统的攻击方法难以对卫星和预警飞机进行摧毁，而电子干扰则可以在不对其进行实体摧毁的条件下降低其作用效果，甚至可以使其完全失效。电子干扰将成为现代战争中的一种进攻手段。（胡永福）

为什么电子干扰会使雷达迷盲

被称为军中"千里眼"的雷达，其工作原理是向空中发射电磁波，电磁波在空中像光一样传播，碰到飞机或导弹等目标后发生反射，就像用手电筒照到一面镜子上反射回光斑一样。雷达再通过接收反射回来的电磁波，就能探测到飞机或导弹。

为使雷达迷盲而不能工作，采用的电子干扰主要有3种，即噪声（或杂波）压制干扰、有源欺骗干扰和无源干扰。

噪声压制干扰是较常用的干扰方法，它是通过向敌方雷达发射大功率噪声信号，使雷达反射回来的信号淹没在噪声中，雷达的显示屏幕上出现大量"雪花"点，使雷达无法发现飞机或导弹。

有源欺骗干扰就是模仿敌方雷达反射的目标回波发射假回波，使雷达分不清哪个是真的目标回波信号，哪个是干扰机发射的假目标回波信号。如果干扰机发射的干扰信号很多，雷达只能"看到"很多以假乱真、真假难分的假目标。

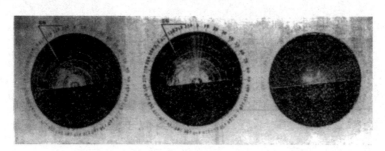

雷达未受杂波干扰及遭受杂波干扰时显示器图像

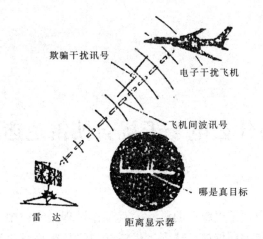

欺骗干扰讯号

电子干扰飞机

飞机间波讯号

哪是真目标

雷 达

距离显示器

　　无源干扰就是用飞机、火炮或火箭在空中投撒金属干扰丝，或投放一些能反射回波信号而与飞机或导弹相似的"假飞机""假导弹"，通过反射雷达电磁波，使雷达"看到"空中有很多目标，分不清到底是真还是假，或者投撒大量金属干扰物，形成"干扰走廊"，将目标"遮蔽"起来。从而使雷达不能得到真实的空中情报。

　　这几种干扰都会使雷达侦察不到空中的目标，无法发挥作用，因此电子干扰使雷达成了"瞎子"。（胡永福）

为什么在空中投放箔条能干扰雷达

  干扰雷达用的箔条最早是用类似于包装香烟的金属箔片切割而成。金属压得比纸还薄，切成条状时叫干扰带，切成头发丝粗细时叫干扰丝，它们都称为箔条。那么箔条是怎样干扰雷达的呢？

  雷达发射的电磁波碰到金属物体就会发生反射，就像太阳光照到镜子上一样。飞机或导弹的弹体都有金属部件，它能反射电磁波，因此雷达就能侦察到飞机或导弹。那么从飞机上扔下金属片或用炮弹向空中投撒金属片也能反射电磁波。因此，人们在空中投放大量箔条，对雷达波形成大面积反射，把飞机和导弹反射的电磁波都掩盖了，形成干扰"千里眼"的大

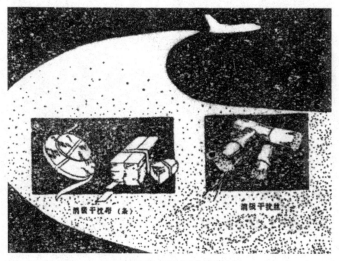

无源干扰（消极干扰物）

屏幕。由于箔条丝很轻,在空中飘浮形成"云团",我们称之为"干扰云"。随着科学技术的发展,人们发明了在纤维上镀上金属膜制成箔条丝,进一步减轻箔条重量,使其在空中飘浮时间更长,形成干扰的时间也更长。(胡永福)

为什么要运用电子战飞机

美国海军太平洋舰队战术电子战航空联队司令格雷迪·L. 杰克逊少将指出："现代战争对电子战飞机的依赖性日益增强。"他认为，"电子战软武器系统对提高军队战斗力至关重要"，"这些系统常常对战斗结局起决定性作用"。美国海军在国会听证会上也强调：认识电子战飞机是战斗力"倍增器"十分重要。电子战飞机大大提高了航空兵的生存率和有效性，并且是战斗群的有机组成部分。

大纵深立体战必须依赖电子战飞机实施远距、近距和随队电子战支援，通过瘫痪敌方 C^3I 系统和降低敌方精确制导武器的高效性，提高纵深突防兵器的生存率和有效性。

一方面，随着高技术的发展，防空系统的作用距离增大了，反应时间缩短了，制导方式多样化了，杀伤概率提高了；另一方面，作战新理论要求空军实施大纵深突防，这两个方面对突防飞机构成了严重挑战。密集的电磁环境使全频段多模式电子侦察和干扰系统非常复杂庞大，以致使飞机自卫干扰系统的体积、重量和费用难于承受。因此，不能指望战术飞机和小型舰艇的自卫电子战系统能对抗每一种威胁。其自卫软武器系统只能主要对抗制导、末寻的、高炮炮瞄雷达和机载火控雷达，以及红外寻的导弹。而对预警、监视、截击引导和目标指示雷达的压制任务，就要依赖电子战飞机来完成。

隐身飞机也需要在有源干扰掩护下，才能对制导、炮瞄和火控雷达达成有效的隐身效果，而隐身飞机本身又不便装备有源干扰系统，否则易被电子侦察机探测到或被导弹寻找到。这样，对电子战飞机的需求将随着隐身飞机的大量装备而增加。

局部战争证明，在空袭反空袭作战中，电子战飞机是使战斗力倍增必不可少的特种有效武器系统，誉称"重型电子轰炸机"。据统计，突防机群内若有电子战飞机实施随队支援干扰掩护，由敌方截击机造成的战损率可减少70％；而由敌方地空导弹造成的战损率则减少30％。难怪对电子战飞机的需求量有稳定增加的趋势，并开始加装反辐射导弹而达成软硬一体化。（李春玉）

为什么反辐射导弹能够自动攻击雷达

我们都知道，导弹发射后之所以能按人们的意愿准确地飞行并攻击目标，它是靠一些信号进行引导的。反辐射导弹也不例外，所不同的是这种专用于攻击敌方雷达的导弹是靠敌方雷达发射的电磁波波束引导的。反辐射导弹发射后，它一边接收敌方雷达发射的电磁波，一边修正方向，沿雷达发射的电磁波波束向雷达飞去，就像蜜蜂向着花香飘来的方向飞向鲜花一样。所以反辐射导弹能自动飞向雷达，并摧毁雷达。

如果雷达很多，反辐射导弹会不会打到自己一方的雷达上呢？这是不会的，因为雷达发射的电磁波都有各自不同的频率，就像广播电台一样。因为要将反辐射导弹的接收频率调谐到敌方雷达的频率上，同时雷达发射的波束有一定方向性，所以反辐射导弹只接收到敌方雷达发射的电磁波，只攻击敌方雷达。（全寿文）

为什么在现代战争中要运用反辐射无人机

　　在现代战争中，反辐射无人机是"千里眼"——雷达的劲敌，是实施"控眼"术的锐利"手术刀"。

　　反辐射无人机的问世与反辐射导弹的固有弱点息息相关。反辐射导弹借助于雷达辐射的电磁波对雷达寻的。如果雷达关机"静默"，则反辐射导弹便像无头苍蝇一样乱飞乱撞。在越南战争期间，雷达操纵员就利用这一特点，一发现反辐射导弹就立即关机规避，甩掉反辐射导弹对它的攻击。正是这一战术推生了反辐射无人机。

　　这种"自杀"式反辐射无人机与反辐射导弹相同点在于，装备有来自反辐射导弹的寻的器和战斗部。其不同点在于反辐射无人机还装有模拟攻

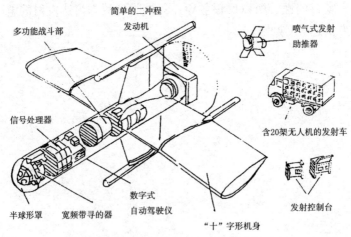

德国 MBB 公司的"达尔"无人机构成方案图

击飞机信号特征的诱饵，用来以假乱真，引诱雷达开机。这就是说，反辐射无人机一身兼二职，既是反辐射武器又是诱饵。

在攻击过程中，一旦雷达关机"静默"，反辐射无人机便可以自动升空盘旋，继续搜索雷达的辐射信号，伺机反扑，袭扰防空系统，给雷达操纵员造成威胁而不敢开机。这样，突防攻击飞机便可以乘机而入。

反辐射无人机的成本也低于反辐射导弹，据报道，前者成本仅为后者的 $1/4 \sim 1/10$，适合大批量装备运用。

已经问世的反辐射无人机包括德国的"达尔（DAR）"、美国的"默虹"等。（李春玉）

为什么计算机病毒将成为电子战的杀手锏

　　计算机或电脑是现代军队和先进武器系统的"大脑"。从军舰到飞机，从坦克到火炮，从雷达到导弹，从通信中心到电子战系统，从指挥所到司令部，都离不开电脑。一旦电脑失常，则军队和武器系统的中枢神经 C³I 系统就要瘫痪，战斗力瓦解。

　　计算机病毒是制服现代军队和先进武器系统的电子战杀手锏，是潜伏在计算机中的"幽灵"。计算机病毒是"寄生"在计算机里的特殊程序。计算机病毒危害极大，能使计算机的操作系统和应用程序失效，陷入电子患病状态；使之运算速度大大降低、功能混乱、甚至成为"死机"。此外，计算机病毒还能自行复制拷贝，进行繁殖，就像人体传染瘟疫一样迅速蔓延；在计算机网络中，一机中毒，全网遭殃。

　　计算机病毒的危害比一般电子干扰强大得多。二者虽然都可以使通信中断，指挥失灵，武器失控。然而，一般性电子干扰只能干扰无线电系统，而电脑病毒却可以造成"大脑"中毒，使计算机网络混乱不堪，从而不仅使无线而且还能使有线电子系统失效。再则，一般性电子干扰只是从外部袭扰，造成临时性危害；而计算机病毒尤如孙悟空钻进铁扇公主肚子里，更厉害，更有隐蔽性，而且造成永久性危害。

　　例如，1989 年 10 月，美国曾发生了一次震惊世界的计算机病毒大难，使美国一个以太网崩溃，造成 6000 多台计算机成为"死机"；使美国陆、海、空三军和宇航局等重要部门蒙受重大损失。

　　海湾战争前夕，伊拉克从国外进口一批用于国土防空系统的电脑，在托运中转时，被美国特工人员采取偷梁换柱手法，将带病毒的芯片固化件

换装到电脑打字机上。在空袭战役中，打字机中的病毒激活发作，使伊拉克的防空指挥系统乱了阵脚。

有的军事专家说："硅片能够打败钢铁。""用电脑病毒进行战争比核武器更有效。""要摧毁美国，中断其神经中枢，无需挥戈动武，只需要干扰其电脑系统1秒钟即可。"因此，美国已秘密将电脑病毒作为电子战武器列为重点研究计划。（全寿文）

为什么在现代战争中电子战
要运用综合战术

随着电子战手段的多样化，电子战战术五花八门，各有千秋；在实战中八仙过海，各显其能。只有综合运用才能取长补短，以满足不同的作战要求和适应复杂的作战环境。

电子战综合战术主要包括软硬兼施，支援干扰与自卫干扰并举，有源干扰与无源干扰双管齐下，噪声干扰与欺骗干扰相结合。

（1）软硬兼施。软压制（电子干扰）的主要特点是能压制多个目标，并且对目标的位置瞄准精度要求低，消耗较低。但是，软压制的最大弱点是，只能使目标暂时失效，而不能彻底消灭，而且电磁波的辐射容易暴露自己。硬压制（火力摧毁）虽然要求瞄准精度高，弹药消耗大，后勤供应负担重，但是它能彻底消灭目标。软硬武器相互依存，软硬一体化可以扬长避短、相辅相成、互相保护，达成最佳作战效果。软武器是 C^3I 系统和精确制导武器的"克星"，能瓦解整体作战的高效性和削弱精确制导武器的精确度，掩护硬武器成功突防并提高其生存率；而硬武器则是软武器的保护伞，可最终消灭敌军。

（2）支援干扰与自卫干扰并举。自卫干扰由高价武器平台的自备干扰系统实施，功率小，作用距离近，主要用来干扰精确制导武器，特别是干扰导弹末寻的系统尤为有效。而支援干扰则由大型专用电子战飞机实施，装备有多部干扰机，干扰功率大、作用距离远、干扰样式多、覆盖频段也宽，可以压制 C^3I 系统和各种雷达。

（3）有源干扰与无源干扰双管齐下。无源干扰器材成本低廉，可以大

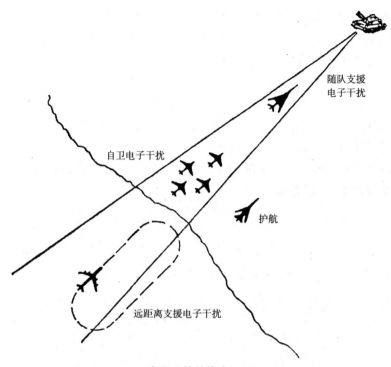

电子干扰的战术运用

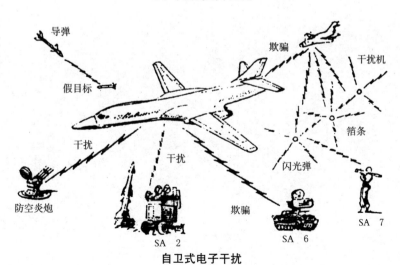

自卫式电子干扰

量用于敷设干扰走廊，掩护大机群突防，也可以用作诱饵，有效地欺骗跟踪寻的雷达。但无源干扰对动目标显示雷达无效，而有源干扰却可以干扰它，与无源干扰结合运用，对各种体制雷达的干扰更有效。

（4）噪声干扰与欺骗干扰相结合。欺骗干扰是针对某一个特定目标信号的样式实施的，干扰样式的针对性强，干扰的目标少，但需要的功率不大。而噪声干扰是以大功率压制目标信号的，压制的目标多，也不受目标信号样式限制，但需要很大的功率才能淹没目标信号。

以上各种干扰战术在实战中可以根据需要，多种样式综合运用，达成最佳作战效果。（李春玉）

为什么导弹战成为现代战争的主角

导弹武器以其速度快、射程远、精度高、威力大等优越的作战性能，在现代战争中发挥了巨大作用。导弹战是使用导弹武器打击敌方重要目标的一种作战形式，广泛地应用在现代战争中，成为现代战争的主角。

1973年10月的第四次中东战争，历时18天，阿拉伯国家同以色列都投入了大量的导弹。阿拉伯国家先后使用了苏制SA-2、SA-3、SA-6、SA-7导弹，车载式"耐火箱"反坦克导弹、"冥河"导弹等；以色列不仅使用了美制空对地、空对空、反雷达导弹、"陶"式反坦克导弹，而且还使用苏联、法国和德国生产的导弹。据统计，在这次战争中，以色列损失的200多架飞机中有50%是被防空导弹击毁的，而损失的300多辆坦克中有70%是被反坦克导弹击毁的。以色列使用"麻雀""响尾蛇""蜻蜓"空对空导弹击落了阿拉伯国家196架战斗机。在整个海战中，阿方处于被动地位，以军主动出击，每战告捷。阿以双方在海上展开了四次导弹战，阿军15艘舰艇被以军击沉或击伤，而以军毫无损失。

两伊战争中，1988年2月29日至4月21日，双方实施了导弹袭城战。在50多天里，双方都发射了大量导弹。伊拉克向伊朗发射了189枚导弹，使伊朗40多座城市遭到袭击，炸死炸伤近万人，数千幢楼房和建筑物被毁；伊朗也向伊拉克发射了近百枚导弹，突袭了以巴格达为中心的20多座城市，炸死炸伤数千人。这一次导弹战，在双方心理上、经济上和军事上都造成了巨大压力和损失，促使双方停战讲和。

海湾战争，导弹战全面开花。以美国为首的多国部队使用的导弹就有10多种，成为主要打击手段。伊拉克使用的导弹有"飞毛腿"导弹、"侯赛因"导弹、"阿巴斯"导弹等,美军使用的导弹有"战斧"式巡航导弹、"斯拉姆"遥控导弹、"爱国者"防空导弹、反坦克导弹、反雷达导弹等。多国部队使用的导弹从陆、海、空不同方向打击伊拉克的指挥中心、通信枢纽、雷达站等重要目标,极大地削弱了伊拉克军队的战斗力。伊拉克毫不示弱,进行反击并企图通过发射"飞毛腿"导弹把以色列拖入战争,瓦解美国拼凑的反伊拉克联盟。双方斗争相当激烈。

由此可见,导弹战在现代战争中举足轻重,发挥了巨大的威力,越来越受到人们的重视。

为什么有人说在未来战争中将出现
"无导不成战" 的现象

在未来战争中，导弹战将充斥各个战场，有人把它说成是"无导不成战"。这话虽然不完全科学，但也说明了导弹在未来战争中的地位和作用。

随着科学技术的迅速发展，一批又一批的新式武器涌向战场，其中各种类型的导弹更加引人注目，从而导演出各种各样的导弹战。

地地导弹战，是指从陆地上发射导弹，用以攻击陆地上目标的导弹战。如"飞毛腿"导弹、SS-21战术导弹等都能参加这种导弹战。

地空导弹战，是指从陆地上发射导弹，专门对付空中目标的作战行动。如苏联的SA-2、SA-3、SA-5、SA-6等；美国的"奈基Ⅰ""爱国者""小懈树""红眼睛"等；英国的"警犬Ⅰ""山猫""长剑"等。这些导弹能够对付不同距离的空中目标。

空空导弹战，是指从空中飞行器上发射导弹，专门攻击空中目标的作战行动。世界上现有的空空导弹有50余种，如美国的"超响尾蛇""不死鸟"等；苏联的AA-9、AA-6等；英国的"空中闪光"；法国的"码特拉超530"等导弹。空中作战内容更为丰富。

空地导弹战，是指从空中飞行器发射导弹，专门攻击陆地上目标而进行的作战行动。空地导弹主要用在现代作战飞机上，成为轰炸机、强击机、直升机上主要作战武器。目前世界上空地导弹有60多种，如美国的"战斧"巡航导弹、"幼畜"导弹、"百舌鸟"和"标准"反雷达导弹等；苏联AS-9、英国和法国联合研制的"马特尔"等导弹。

空舰导弹战，是指从空中飞行器发射导弹，专门攻击水面舰艇的作战

ALM-9L"响尾蛇"空空导弹

"战斧"舰载巡航导弹

行动。如法国的"飞鱼"导弹，在英阿马岛之战中将英国海军的"谢菲尔德"号导弹驱逐舰击沉。

空潜导弹战，是指从飞行器上发射潜水导弹，专门攻击潜艇的作战行动。

岸舰导弹战，是指从海岸上发射导弹，攻击水面舰艇的作战行动。主要用于控制重要海峡、水道和进行重要地区防御等。使用的导弹有苏联的"沙道克"、以色列的"加伯烈"、挪威的"企鹅"MK-2等。

舰空导弹战，是指从舰艇上发射导弹，攻击空中目标的作战行动。如英国的"海标枪""海狼"，苏联的SA-N-6导弹等都能参加这种作战行动。

潜地导弹战，是指从水下潜艇发射导弹，攻击陆地目标的作战行动。如美国装备的潜射"战斧"战略巡航导弹，其最大射程为2500千米，误差为50米。此外，现役潜射弹道导弹还有美国的三叉戟，俄国的SS-N-6、SS-N-8、SS-N-18、SS-N-20、SS-N-23和法国的M-20、M4等多种型号。

舰舰导弹战，是从舰上发射导弹，打击舰艇目标的作战行动。到目前为止，外国研制了近30种型号的舰舰导弹武器，有30个国家4000多艘舰艇上装备了导弹武器。

反坦克导弹战，是利用导弹武器打击敌方坦克的作战行动。如法国的SS-10、"霍特"，苏联的"萨格尔""法戈特"，美国的"陶式""龙式""海尔法"等。现在世界各国第二代反坦克导弹有美国的"龙""陶""橡树棍"，苏联的9M1111（AT-4）、9M113（AT-5），法国的"鱼叉"、ACCP，法德合制的"米兰""霍特"，日本的"重马特"，瑞典的"比尔"。第三代反坦克导弹有美国的"海尔法"、AAWS-M，苏联的3M114（AT-6），法、英、德三国合作的"崔格特"，意大利的"麦夫"。

此外，还有反卫星导弹战等。在未来战争中，陆、海、空、天一体联合作战，导弹将从水下、水上、地下、陆上、空中等处发射，参加各个战场的作战，因此，就出现了"无导不成战"的现象。

为什么导弹在现代战争中
格外受到人们的重视

第二次世界大战后到20世纪50年代初，导弹处于早期发展阶段。各国从德国的V-1、V-2导弹在第二次世界大战的作战使用中，充分意识到导弹对未来战争的作用，美国、苏联、瑞士、瑞典等国在战后不久恢复了自己以前进行的导弹理论研究和试验活动，英、法两国分别于1948年和1949年重新开始导弹的研究工作。从50年代初期，导弹得到大规模发展，出现了一大批各种类型的导弹，并且陆续装备到部队。60年代初开始到70年代中期，由于科学技术的进步和现代战争的需要，导弹进入了改进性能、提高质量的全面发展时期。70年代中期以来，导弹进入全面更新阶段，并直接用于战争，更加受到人们的青睐。

导弹之所以成为现代战争的宠儿，主要是因为它具有很多优点。

首先，它飞行速度快、射程远。由于导弹拥有高能量的推进系统，产生巨大的推动力，使导弹能以很快的速度飞行，并发射到很远的地方。如，战略导弹最大飞行速度可以达到每秒钟7千米以上，相当于20倍音速。导弹武器的射程可从几千米到上万千米，能攻击地球上任何区域的目标。打击1000千米以内的目标，导弹飞行时间只需几分种。

其次，导弹的命中精度高。导弹采用多种精确制导系统，能够自动地搜索、跟踪、瞄准目标，并且正确控制导弹击中目标。例如，ACM巡航导弹，最大射程为4200千米，偏离目标不大于16米；潘兴-Ⅱ导弹，最大射程为1800千米，偏离目标不大于37米。在海湾战争中，美国一架A-7型飞机向伊拉克某火力发电厂发射两枚"斯拉姆"导弹，第一枚在主厂房墙上炸出一个洞，紧接着第二枚从该洞进入墙内，将发电厂全部设备炸毁。

另外，导弹的破坏威力大。导弹可采用核弹头、化学和生物弹头，以及常规弹头，打击各种加固的目标；采用多弹头可同时摧毁多个目标。如，苏联的SS-18洲际导弹的威力为2000万吨TNT（梯恩梯）当量，相当于美国在日本广岛和长崎投下原子弹总当量的500倍。"霍特"反坦克导弹能将1300毫米的钢板穿透。

面对尖锐激烈的国际斗争环境，为了维护国家的独立与领土完整，我国自20世纪50年代末开始研制导弹。经过20多年的努力，1980年5月18日成功地发射了洲际弹道导弹，1982年10月成功地发射了潜地导弹。现在，我国已拥有一大批各种类型的导弹。

SS-18 导弹

为什么导弹战一般是打击重点目标

导弹武器的造价比一般的常规兵器昂贵得多。一枚导弹，少则几万、几十万美元，多则上百万或几百万美元。例如，一枚"飞鱼"导弹，价值20万美元，而"爱国者"防空导弹110万美元一枚，"战斧"式巡航导弹130万美元一枚，因此，在作战中就不能随便地发射导弹，对所要打击的目标是要选择的。通常选择那些对作战全局影响较大，可以极大地鼓舞己方军民士气、较大地震撼敌方的要害目标；还要打击那些对己方安全构成较大威胁的重点目标，如敌人的战略导弹基地、大城市、海空军基地、重要交通枢纽、军事工业中心、指挥中心、通信枢纽、重要铁路、公路干线、部队集中地、重要物资仓库、重要武器装备等。

在英阿马岛战争中，阿根廷使用有限的"飞鱼"导弹专打英国海军的"谢菲尔德"号导弹驱逐舰、"考文垂"号驱逐舰等，甚至攻击"竞技神"航空母舰，并将价值2亿美元的"谢菲尔德"号导弹驱逐舰及其他昂贵的舰船击沉于大海，极大地震动了英国政府和军队，使之不得不加强兵力、采取严密防护措施。

在伊朗同伊拉克的两伊战争中，双方发射的导弹主要攻击大城市，让双方产生很大的心理、经济和军事压力。

在海湾战争中，多国部队使用导弹战和空袭等方式，打击和摧毁伊拉克的主要目标有26个重要指挥机构，如总统府、国防部、空军司令部、南部军区司令部等；75%的地面作战指挥系统和95%的雷达站等；48个"萨姆2"和"萨姆3"固定防空导弹阵地；2个核反应堆；11个化学武器贮存库；38个机场和68个飞机掩体；重要后勤补给基地和铁路、公路、桥梁等交通目标。在导弹战和空袭的攻击下，伊拉克军队损失的重型武器装备有各型作战飞机 150 架，作战舰艇 73 艘，坦克 3700 多辆，装甲车 2000 多辆，各种火炮 2140 门。而伊拉克军队发射的"飞毛腿"导弹，着重打击对方的首都和大城市。例如，对沙特阿拉伯首都利雅得发射 23 枚，对以色列首都特拉维夫发射 28 枚，其目的是给对方造成最大的心理威慑，瓦解对方的士气，造成战争的恐怖气氛，进而瓦解反伊拉克联盟，摆脱自己的被动局面。

为什么在现代战场上"活动堡垒"最怕反坦克导弹

　　反坦克导弹是用于击毁坦克和其他装甲目标的导弹。它和反坦克炮相比，重量轻，威力大，射程远，是一种有效的反坦克武器。反坦克导弹从第二次世界大战后期问世以来，已经经历了三代更新。80年代以后，第一代反坦克导弹发射时，射手既要观察行进中的坦克又要观察和控制飞行中的导弹，操作难度较大，因此逐渐被淘汰。车载式和直升机载式第二代反坦克导弹射手只需用光学瞄准镜瞄准目标即可控制导弹飞行，命中概率一般可达90％以上。现已普遍装备部队。采用波束（激光、红外、毫米波）制导和自动寻的制导的第三代反坦克导弹，有的也装备部队。第三代反坦克导弹能够实现"发射后不用管"，自动寻找目标，大大提高了命中率和毁伤效果，提高了机动性、抗干扰性，可以不分白天黑夜在复杂气象条件下作战，对坦克威胁最大，因此坦克最惧怕它。

　　例如，在第四次中东战争中，阿拉伯国家和以色列双方都投入了大量坦克进行交战。为阻止和摧毁对方坦克，他们大量使用了反坦克武器，特别是反坦克导弹，坦克和反坦克导弹的激烈对抗成为这场战争的显著特点

中国"红箭－8"反坦克导弹

美国"陶－2A"反坦克导弹

苏联"9M－113"反坦克导弹

之一在战争爆发的 10 天内，以色列军队拥有 1600 辆坦克，其中 1/3 以上是被阿拉伯军队的反坦克导弹击毁的。尽管埃及军队装备的反坦克导弹只占反坦克兵器的 11%，但是反坦克导弹所击毁的坦克数却占击毁坦克总数的一半。同时，以色列军队也用反坦克导弹击毁阿拉伯军队 1000 余辆坦克，反坦克导弹在第四次中东战争中真是大显威风。由此可见，坦克最容易被新式反坦克导弹击毁，反坦克导弹在一定程度上削弱了坦克的作战能力，对坦克的生存构成严重威胁。

在两伊战争中，伊朗军队借鉴了第四次中东战争反坦克作战的经验，在对付伊拉克大量坦克的作战中，充分发挥了反坦克导弹的作用。他们采取科学编组，把性能先进的反坦克导弹集中在一起，专门对付伊拉克的集群坦克。由于这种编组任务单一，针对性强，反应迅速，火力猛烈，使用方便、灵活，可根据战场情况，随时投入作战。伊拉克军队的许多坦克，都被伊朗陆军的"米兰"和"萨格尔"反坦克导弹击毁，使伊拉克的坦克和装甲车乘员心惊胆颤。

为什么在现代战争中注意
提高导弹的防护能力

战争的目的就是为了"保存自己"和"消灭敌人"，对导弹来说也是如此。常言道"树大招风"，导弹是现代战争的重要攻击武器，对敌人构成巨大的威胁，反过来，导弹也就成为敌人的主要攻击对象之一，成为敌人想方设法要拔掉的"眼中钉"。特别是随着现代侦察技术不断完善和高精度的反导弹武器的出现，使人们更加重视提高导弹的防护能力。

要提高导弹的防护能力，首先取决于戒备程度。古人所讲的"有备无患"就是这个道理。虽然现代战争往往都采用突然袭击的方式揭开战争的序幕，但任何一次战争的爆发，总会有一些征兆。因此，导弹部队要及时洞察敌人对自己的威胁，从各个方面早做准备。比如，对作战的方案要详细运筹，将各方得来的情报综合分析，找出对付的具体办法。据透露，美军在海湾战争中所组织的每一次较大规模的作战行动，事先都经过电子计算机进行反复模拟对抗"演习"，尤其对导弹的使用和导弹所受的威胁程度都做到心中有数，从而避免实际作战时的失误。

加强导弹工事的防护是确保导弹安全的重要措施，一是通过隐蔽伪装使导弹不被敌人发现，这就要求导弹工事从勘察定点到施工验收和使用，都要坚持搞好伪装。二是要加强导弹工事的抗毁力，当遭到敌人袭击时，导弹工事才能安然无恙。在海湾战争中，伊拉克能保存一些导弹发射架和导弹，不能不说是得益于坚固的导弹工事。

采取"隐真示假"的作战方法也能保障导弹的安全。即建立一些假导弹阵地，吸引敌人的注意力和导弹火力，从而掩护己方导弹部队作战行动

用装配式的假飞机、假防空导弹模拟的假机场

的顺利进行。

开展电子战已成为提高导弹部队防护能力的重要手段。要搞好导弹部队的配套建设，装备一定数量的电子干扰设备，提高抗电子干扰能力，保证在敌方实施强烈电子干扰的情况下，指挥通信仍然顺畅，雷达探测仍然准确，导弹在发射和飞行过程中仍然工作正常，达到预定作战目的。在海湾战争中，充分证明了这一点。伊拉克尽管装备了大量先进的防空兵器，但在多国部队强大的电子战攻击下显得无能为力，多国部队的导弹按照预先的计划，打击伊拉克一个又一个重要目标。

此外，导弹武器采用车载、船装和飞机携带，机动能力强，使敌人捕捉不到具体位置，保证了自己的安全，提高了打击能力。

为什么说在现代战争中也有
对付导弹战的绝招

有矛就有盾，相克必相生。自古以来，任何一种先进武器问世，必然有制服它的"克星"；任何一种新的战法使用，也一定有办法对付它。对付导弹战的主要绝招有：

（1）隐蔽疏散，巧妙伪装。海湾战争中，伊拉克面对多国部队的导弹战和空袭，采取隐蔽疏散和巧妙伪装，保存了部分的军事力量。他们经过近10年的战场建设，在全国各地修建了40多个40多米深的地下基地和混凝土飞机库。其中有8个现代化的"超级基地"，设有约300个掩体，每个掩体至少保护一架飞机。掩体上面还有沙土掩盖，并种植植物，空中侦察难以发现，即使发现，进行轰炸也难以摧毁。伊拉克将大部分飞机转到地下基地或混凝土飞机库中，大部分导弹隐蔽在地下工事或疏散到北部山区。另外，他们对军事目标和重要设施进行了伪装。其中，有比较先进的伪装网，设置了一些假目标并安装无线电发射机可欺骗敌人的电子侦察。

（2）电子干扰。导弹武器的心脏是制导系统，可用电子干扰对付它。一旦制导系统失去作用，导弹就好像断了线的风筝乱飞。实战表明，利用电子干扰手段可使80％的导弹偏离目标而自行毁灭。

（3）反导武器。早在20世纪50年代中期，随着洲际弹道导弹的出现，美国和苏联两个超级大国就开始了研究反弹道导弹。美国先后研制了"奈基－宙斯""奈基－X""哨兵""卫兵"反导弹系统，由于这些系统存在一些缺点，不得不中途停止，后来研究"爱国者"地空导弹，试验成功。"爱国者"地空导弹的主要任务是拦截来袭弹道导弹，摧毁临空的敌机。

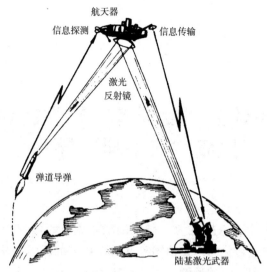

战略反导激光武器系统示意图

在海湾战争中拦截伊拉克发射的"飞毛腿"导弹，成绩卓著，受到人们的重视。

（4）定向能和动能武器。定向能武器又称束能武器，它包括激光武器、微波武器和粒束武器，好比探照灯一样，以其强大的能量将飞行中的来袭导弹摧毁；动能武器是用电动力量而不是用火药爆炸的力量将弹头高速旋转并发射出去，利用弹头的强大动能将目标摧毁。定向能武器和动能武器攻击的距离远、速度快、威力大，是导弹的"克星"。据报道，1978年1月美国海军首次用激光武器将一枚飞行中的"陶"式反坦克导弹击毁；1983年7月25日美国空军宣布用机载激光武器成功地拦截了35枚射来的"响尾蛇"空空导弹。随着科学技术的发展，这些高技术武器将进入现代战场，对导弹战构成很大的威胁。

为什么"爱国者"导弹能够
拦截"飞毛腿"导弹

在海湾战争中，伊拉克为了摆脱困境，想方设法要把以色列拖入战争，以求海湾战争转化为阿拉伯国家反对以色列的战争，从而达到分裂反伊联盟，扭转不利局面的目的。因此，从 1991 年 1 月 18 日开始，伊拉克就向以色列连续发射"飞毛腿"导弹实施袭击。美国为了稳住全局，紧急将"爱国者"地空导弹运到以色列，拦截"飞毛腿"导弹。在海湾战争中，"爱国者"地空导弹大出风头，成功地拦截了不少"飞毛腿"导弹。"飞毛腿"导弹也不是等闲之辈，它的弹长 11.4 米，弹体直径 0.85 米，发射重量 6.3 吨，最大射程 300 千米，内装烈性炸药 860 千克（或装化学毒剂），最大飞行速度为 5 倍音速，命中精度 300 米，杀伤半径 150 米。那么"爱国者"地空导弹为什么能够拦截"飞毛腿"导弹，而成为它的"克星"呢？

"爱国者"地空导弹是美国陆军研制的第三代地空导弹武器系统，其主要特点是跟踪、捕获目标能力强，攻击能力强，攻击范围大，抗干扰能力强，制导精度高，操作人员少，自动化程度高。它的弹长 5.3 米，弹径 0.41 米，发射重量约 1000 千克，最大射程 80 千米，最大射高 24 千米，飞行速度 5～6 倍音速，单发命中率 80%。该系统采用多功能相控阵雷达，能对 150 千米内的 100 多个来袭目标自动搜索、识别、跟踪，同时制导 8 枚导弹攻击目标。

在海湾战争中，美国侦察卫星昼夜监视战场，一旦发现伊拉克发射"飞毛腿"导弹，马上将信息传给美国在澳大利亚设置的地面卫星接收站，接着传给美国在利雅得的作战指挥中心，指挥官立即通报"爱国者"地空导弹分队，整个过程只需 90 秒钟。"爱国者"地空导弹分队作战人员在雷达的显示屏上观察"飞毛腿"导弹的运行情况。当"飞毛腿"导弹离控制站 80 千米时，指挥官就在显示屏上用手控制十字标记对准"飞毛腿"导弹信号。操作手按下"作战识别按纽"，计算机迅速计算并显示"飞毛腿"导弹的航路、速度以及弹着点。"爱国者"地空导弹系统自动分配导弹发射架发射导弹。导弹按要求精确飞向目标，当接近"飞毛腿"导弹时爆炸，它形成的高速碎片将"飞毛腿"导弹摧毁。

为什么全世界人民坚决反对核战争

　　自从 1945 年 8 月美国在日本空投爆炸两颗原子弹以后，核战争的阴影一直笼罩着全世界，所有爱好和平的人们，坚决反对核战争。所谓核战争，是指主要杀伤兵器是核武器的战争。全面核战争将使世界上许多国家和人民被迫卷入核战争的轨道，并将成为人类历史上一场毁灭性和破坏性最大的战争。

　　1983 年 10 月，在美国华盛顿召开的"核战后的世界"国际讨论会上，美国天文学家卡尔·摩根告诫人类：假如美苏两个超级大国在北半球发起一场规模较大的核战争，核爆炸掀起的尘埃以及由于爆炸挡住阳光，可导致地球处于一片漆黑之中。随之而来的是：地温将急剧下降到－25℃～－15℃，陆地和淡水水源严重冻结，生态联系中断。这种恐怖状态持续时间可达数月之久，最后将是大部分动物和植物，甚至包括人类在内，从地球

1945 年 8 月 6 日，美国空投在日本广岛的原子弹"瘦子"

1945 年 8 月 9 日，美国空投在日本长崎的原子弹"胖子"

上消失。这是多么可怕的景象啊！

尽管第二次世界大战后世界上没有发生核战争，但是大量事实表明，核战争的危险依然存在。

首先，美国和解体后的苏联，仍然拥有世界上大部分核武器，尽管他们谁也不敢轻易使用核武器，但是他们谁也不愿意放弃核武器，一旦战争需要，他们会冒天下之大不韪，将核武器投向战场。

其次，核武器的发展和扩散潜伏着核战争的危险。随着科学技术的发展，核武器的质量不断提高，弹头实现了小型化，威力实现了档次化，攻击目标精度高，采用多弹头技术、加固技术和机动技术，可以从潜艇、水面舰艇、机动车辆、飞机等多处发射和投放到战场，使核武器的实战效能空前提高，适用于不同类型、不同规模战争的需要。这些年来，制造核武器的技术已成为公开的秘密，不但美国、苏联、法国、英国等国家拥有核武器，一些第三世界国家，如阿根廷、巴西、印度、伊拉克、利比亚、巴基斯坦等国也有能力制造，就连以色列这个小国家也不甘落后。这样，拥有核武器的国家越多，就越容易导致核战争的爆发。

另外，高强度的常规战争极易诱发核战争。以往不使用核武器的战争称为常规战争。因为战争是国家与国家、民族与民族、阶级与阶级之间的流血的搏斗，具有特殊的暴烈性与对抗性。当国家或民族面临生死存亡的关键时刻，战争的规模和力量的使用可能随之升级，甚至失去控制，很容易触发核战争。

正是因为这些导致核战争的不安定因素存在，所以全世界人民坚决反对核战争。

为什么世界各地要求建立无核区

因为核战争能给人类造成巨大的灾难，所以从20世纪60年代起，世界各地为了自身的安全，先后建立了无核区，这种合法的反对核战争的斗争形式，受到全世界爱好和平国家人民的欢迎和支持。

先后建立无核区的有非洲无核区、拉丁美洲无核区、中东无核区、南亚无核区和南太平洋无林区。

1960年12月，由埃塞俄比亚、加纳、几内亚、马里、摩洛哥、尼日利亚、苏丹和埃及等8国，向第15届联合国大会提出关于建立非洲无核区决议草案，但没有得到表决。接着又增加了扎伊尔、利比里亚、塞拉里昂、索马里、多哥、突尼斯等6国共14个非洲国家，向第16届联合国大会提出经修改的建立非洲无核区的决议草案，获得了大会通过。1963—1964年两次非洲国家首脑会议以及第二次不结盟国家会议，都主张建立非洲无核区。1965年第20届联合国大会通过非洲28个国家《关于非洲无核区宣言决议草案》，要求各国在非洲大陆不试验、不制造、不使用、不部署、不取得核武器，也不帮助别国在非洲制造或使用核武器。

1962年10月29日，首先由巴西、智利、玻利维亚、厄瓜多尔等国倡议，经过几年的努力，于1967年2月14日，21个拉丁美洲国家在墨西哥城正式签署《拉丁美洲禁止核武器条约》。条约规定：禁止缔约国在各自领土上生产、试验或拥有核武器。

1974年7月，由伊朗提出《在中东建立无核区》的议题，要求第29届联合国大会讨论。在大会讨论期间，伊朗和埃及联合提出《在中东地区建立无核武器区》的决议草案，要求该地区有关方面加入《不扩散核武器条约》，

距广岛原子弹爆心投影点西北 100 米相生桥附近残迹

距长崎爆心投影点 0.8～1 千米的长崎医大附属医院的燃烧残
迹，混凝土框架虽幸存下来，但内部全被毁坏和烧坏

希望有核武器的国家给予充分合作。该决议获得第29、第30届联合国大会通过。

1974 年 8 月 18 日，巴基斯坦提出《宣布和建立南亚无核区》议题。不久，在第29届联合国大会上提出《南亚无核区》决议草案。印度为阻挠该决议草案，也在会上提出一项决议草案，主张"在亚洲地区设立无核区"。1975年第30届联合国大会正式通过了巴、印提出的两项提案。

1975 年 8 月 15 日，新西兰联合斐济提出《建立南太平洋无核区》议题，后来智利、厄瓜多尔、马来西亚、巴布亚新几内亚、秘鲁、菲律宾和新加坡也成为提案国。12月获联合国大会通过。以后，还有些国家和地区提出建立印度洋和南大西洋水面无核区。

我们国家坚决支持上述建立无核区的建议，而苏联、美国等国家，从自己的利益出发，对这些建议或是反对，或是置之不理。反对核战争，建立无核区是全世界爱好和平人民的共同愿望，人心所向，势不可挡，经过全世界人民的共同努力，必须建立更多的无核区，直至彻底销毁核武器，让核能造福于人类。

为什么化学武器具有很大的杀伤作用

　　化学武器是以化学毒剂杀伤有生力量的各种武器、器材和装置的统称。如装有毒剂的化学炮弹、化学航弹、化学火箭弹、化学导弹、化学地雷和飞机布洒器、毒烟施放器材等。

　　化学武器的杀伤作用不是靠弹体的冲击力和爆炸力，也不是像核武器那样靠光辐射、冲击波、核辐射等进行，而是本身施放毒剂毒害生物。随着现代战争的不断发展，涌现出各种各样的化学毒剂，主要有：

　　（1）神经性毒剂，这是破坏神经系统正常功能的毒剂。有沙林、梭曼、维埃克斯等。这类毒剂主要通过呼吸道吸入或皮肤吸收引起中毒。其中毒症是胸闷、缩瞳、流涎、多汗、呼吸困难、抽筋等。严重时，如不及时救治，将迅速死亡。

　　（2）糜烂性毒剂，这是糜烂皮肤和伤害各部器官的毒剂。主要有芥子气、路易氏气等，可通过皮肤接触或呼吸道吸入引起中毒。其中毒症是皮肤（或粘膜）红肿、起泡、溃疡。严重时，如不及时救治，能造成死亡。

　　（3）全身中毒性毒剂，这是破坏组织细胞氧化功能，使全身组织缺氧的毒剂。主要有氢氰酸、氯化氰等，通过呼吸道吸入引起中毒。中毒症状为口舌麻木、呼吸困难、皮肤鲜红、强烈抽筋等，严重时能引起死亡。

　　（4）失能性毒剂，这是引起思维和运动机能障碍，使人员暂时失去战斗力的毒剂。毕兹就是其中的一种。它是通过呼吸道吸入引起中毒的。中毒症状是精神错乱、幻觉、嗜睡，体温、血压失调，出现听觉、视觉障碍等，一般不会引起死亡。

　　（5）窒息性毒剂，这是伤害肺部，使人员缺氧窒息的毒剂。主要有光

美军在越南使用化学武器，使中毒后的儿童不能站立

气等，通过吸入肺部引起中毒。中毒症状为呼吸困难、皮肤青紫、吐粉红色泡沫痰等。这类毒剂毒性较小，但中毒严重时，可引起死亡。

（6）刺激性毒剂，这是刺激眼睛和上呼吸道粘膜的毒剂，如苯氯乙酮、亚当氏气、西埃斯等。主要通过呼吸道吸入和接触引起中毒。中毒症状是眼睛疼痛、流泪、打喷嚏、咳嗽等。

日本帝国主义者侵略中国、美军侵略朝鲜、美军侵略越南、越军侵略柬埔寨、苏军侵略阿富汗，以及两伊战争等期间，都使用过化学武器，伤害了无数的老百姓，给世界人民带来深重的灾难。

为什么在现代战争中化学武器屡禁不止

从 1925 年 6 月 17 日国际联盟通过了《关于禁用毒气或类似毒品及细菌方法作战议定书》以来，国际上有关禁止使用化学武器的会议开过无数次，也签定了不少的协议，到1980年已经有102个国家在《关于禁用毒气或类似毒品及细菌方法作战议定书》上签字。然而，化学武器一直在不断地大量生产，并用于战争，其中的奥秘是：

化学武器有很多特点，用于战争可达到作战目的。一是杀伤威力大。例如，神经性毒剂维埃克斯，人员只要吸收几十微克就可以致死。一个122毫米加榴炮连，用装有沙林毒剂的化学弹实施 1 分钟袭击，其初生云团严重中毒的杀伤面积可达 1～2 公顷。这种杀伤效果与同样口径的普通炮弹比较，对人员杀伤面积大几十倍。若考虑下风方向的云团扩散区杀伤范围和毒剂的持续杀伤效果，则威力更大。因此，对侵略者具有极大的诱惑力。二是使用灵活。多种情况下，化学武器要依靠火炮、飞机、火箭、导弹等常规武器发射，它的使用范围扩大了，不仅能袭击前沿阵地，而且可以对纵深内及大后方的战略目标进行袭击。如果使用化学地雷、化学手榴弹等，就更加广泛、灵活。现代化学毒剂已发展到无色、无臭，除非用特殊手段和器材实施侦察，否则难以直接觉察，可以达到军事上的突然性。三是成本低廉。化学武器的产生和发展是与化学工业同步进行的。现代化学工业可以为化学毒剂提供大量的廉价中间物质。有人计算过，杀伤 1000 平方米内的人员，使用枪炮等常规武器需要 2000 美元，使用核武器需要 800 美元，而使用化学武器只需 600 美元，因此有人把它比作"穷国的原子弹"。

随着科学技术的发展，有些国家为了逃避《日内瓦公约》的限制，又制造出新的化学武器。例如，二元化学武器，就是将两种或两种以上无毒或相对无毒的化学物质，分别装于弹体内的不同容器中，在弹体投向或射向目标的过程中，靠弹体的惯性，或靠弹体内的搅拌装置，将其相互混合，发生化学反应，生成毒剂。如美国生产的二元沙林炮弹 M687，它有两个弹筒，一个装甲基膦酰二氟，一个装异丙醇，两种物质均为液体，贮存时无毒稳定。当弹体发射时，惯性使两个弹筒破裂，两种化学物质在弹体飞行中迅速混合，生成具有很大毒性的神经性毒剂沙林。二元化学武器便于大量生产，储存、运输、使用都比较安全，因此美国十分重视发展二元化学武器。

伊拉克军队的芥子气炮弹

正是由于上述原因，一切侵略者都不顾世界爱好和平人民的强烈反对，仍然大力发展化学武器。

为什么伊拉克的化学战威慑
使多国部队忧心忡忡

在海湾战争中，虽然多国部队沉重地打击了伊拉克军队，但是伊拉克毫不示弱。他们的总统萨达姆就表示，有信心赢得这场战争的胜利。巴格达电台扬言，多国部队"还没有尝到伊拉克巨大力量的滋味"，"伊拉克还未开始它闪电式的、令人痛苦的进攻，这种进攻将毁灭他们的部队和他们所有的阴谋"。此言既出，使多国部队忧心忡忡。

因为多国部队十分清楚，伊拉克的巨大力量不是别的，而是化学战。早在 1973 年第四次中东战争后，伊拉克就大力研制、生产化学武器，共有 5 个生产、装备和贮存化学武器的基地，分别设在巴格达、法鲁贾、萨马拉、沙尔曼帕克等地。仅在萨马拉的毒剂生产综合机构每月就能生产芥子气 60 吨、塔崩 6 吨、沙林 6 吨。伊拉克不但拥有 122 毫米、152 毫米沙林炮弹，130 毫米沙林加农炮弹，122 毫米、152 毫米路易氏气炮弹，122 毫米维埃克斯火箭弹和"蛙-7"战术火箭弹等化学武器，而且还拥有远程投射工具，可以进行近程或远程的化学袭击。最令多国部队头痛的是，伊拉克的"飞毛腿"导弹可以携带各类化学弹头，发射出去能给多国部队造成重大伤亡。

伊拉克军队还有着实施化学战的丰富经验。在他们同伊朗交战的 8 年中，有 6 年使用过化学武器，约有 240 次，造成伊朗军民 5 万余人伤亡。1984 年 3 月 8 日，伊朗军队清晨发起攻击时，沼泽地上的毒剂蒸汽使 5000 多名伊朗士兵中毒，其中至少有 1000 名士兵当场死亡，导致进攻受挫。从海湾地区的地理环境看，沙特阿拉伯的沙漠地带植被和建筑物少，是使用

化学战最有利的地方。在这里，暂时性的神经毒剂传播快，杀伤范围广，而干燥、炎热的沙漠气候会使人的皮肤毛孔扩张时间延长，出汗多，持久性的糜烂性毒剂会增大杀伤效力。对此，多国部队不能不有所顾虑。

伊拉克提出要使用化学战，不仅影响海湾各国，使之产生恐惧心理，争相购买防毒面具，进行全面防化演习，而且使多国部队的官兵终日处在紧张的心理状态下，弄得草木皆兵，人心惶惶。例如，有一位神经终日紧张的上尉军官和朋友聚会时喝了几杯酒，刚出门误把天上的流星当成伊拉克来袭的导弹，拉响了警报。当士兵们纷纷跑出来时，才发现是一场虚惊。最后，士兵们在一张桌子底下才找到吓得半死的上尉。由此可见，伊拉克的化学战威慑的确产生了很大的作用。

为什么说日本的"731"部队
是杀人不见血的刽子手

今天,我们不会忘记,在第二次世界大战期间,日本帝国主义者使用生物武器杀害中国人民的滔天罪行,"731"部队是杀人不见血的刽子手。

日本军队在1930年就开始对细菌武器进行研究。"九一八"事变以后,从1932年到1933年,日本战犯石井四郎等在我国东北境内建立了细菌实验室和以"东乡"为代号的细菌部队。1935年到1936年,根据日本天皇的密令,将该实验室扩建成为一个很大的研究所。1940年,其主要力量移到哈尔滨地区南郊20余千米的平房附近。为了掩人耳目,称为关东军防疫给水部队,又称"加茂部队",后改名为"731"部队,也称"石井部队"。该部队修建了大院,戒备森严,人员行动诡秘。"731"部队编有科技人员和军人3000多名,下设8个部和若干个支部。他们大量进行伤寒、霍乱、鼠疫、赤痢、结核、梅毒,以及冻伤、耐热、耐饥、换血等多种试验,并惨无人道地用活人做试验。仅据哈尔滨"侵华日军731部队罪行陈列馆"掌握的不完全证据,从1931年到1945年,至少有1万人成为这支部队试验的牺牲品。如1938年3月15日,佳木斯宪兵队在汤原一带对中国共产党北满省委进行大规模镇压,逮捕约300名共产党员和抗日工作者,并将他们送到"731"部队残害了。1940年10月至1943年3月间,仅战犯原田一人在我国兴安北省(今属黑龙江省)就逮捕中国人70余名、苏联人6名、蒙古人15名,送到"731"部队试验。他们把试验的细菌武器投入战场,杀害我国人民。1934年10月日本在吉林省四平、1935年9月在吉林

日军"731"部队饲养的一种繁殖力很强的老鼠作为鼠疫媒介的有力武器

省下九台进行细菌战，杀死中国人 1000 多名，等等。

1945 年，随着国际形势的转变，意大利法西斯垮台，德国法西斯和日本法西斯也面临覆灭，日军企图利用生物武器作垂死挣扎。他们加紧培养生产细菌、跳蚤等，并且强行向地方征收 30 万只老鼠。1945 年 8 月，日军在苏军的强大攻势下，土崩瓦解。他们炸毁了平房制造细菌的试验室，大批带细菌的老鼠逃出，使附近广大群众受害，并且造成了 1946 年 6 月至 10 月平房地区相继发生鼠疫流行，侵入哈尔滨市区。很多人感染上鼠疫，病情特别严重，不到三天就死去，真是惨不忍睹。

为什么有人说基因武器在
现代战争中胜过原子弹

基因工程，又称"遗传工程"。它采用类似工程设计的方法，按照人类的需要，通过一定的方法，将具有特定目的的遗传信息的基因，在离体条件进行剪切、组合、拼装，然后把经过人工重新组合的基因，转入宿主细胞进行大量复制，并使遗传信息在新的宿主细胞或个体中高速表达，最终产生基因产物。这一技术已成为当今高技术的带头学科。

基因武器，是通过基因工程技术，使致病微生物的遗传基因转入宿主细胞中，最后培养出新的、具有极大杀伤危害的生物战剂，将它放进施放装置内，就构成了基因武器。基因武器也称遗传工程武器。

因为基因武器可能产生"不可制服"的致病微生物，起到常规武器不能比拟的效果，所以，美国及苏联都在秘密研究基因武器。有消息透露，有的国家曾进行过把剧毒的眼镜蛇的毒素基因和流感病毒基因拼接在一起进行试验，企图培养出既感冒传染速度快，又具有眼镜蛇毒素的新型超级流感病毒。如果受到这种新型病毒的袭击，受害者不仅会出现流感的症状，还会出现被毒蛇咬伤的症状，导致患者瘫痪或死亡。

基因武器发生作用时，没有核武器那样巨大的爆炸声、耀眼的强光、剧烈的冲击波和穿透能力很强的早期核辐射，并不一定马上致人于死地，它的隐蔽性很大，神不知鬼不觉地将敌人整死或致伤、致残，也能对敌人产生巨大的威慑，扰乱人心，使敌人惶恐不安，削弱其战斗力。另外，其投资较少，生产较快。因此，在某种意义上可以说它胜过原子弹。

为什么现代战争将在核、化、生武器的威慑环境中进行

核武器、化学武器和生物武器是现代战争中杀伤破坏力巨大的武器，随着它们的发展和逐步扩散，许多国家都拥有这些武器。它们在过去的使用和产生的恶果，已经引起世界人民的强烈反对，因此在战争中都不敢轻易使用。不过，它们仍然在世上存在，主要用来对敌方进行威慑。

核武器首先由美国发明、制造和应用，在相当一段时间内是他们的专利品，他们到处挥舞着原子弹，对全世界进行恫吓。朝鲜战争期间，美国多次酝酿对中国和朝鲜人民使用核武器；在法国侵越战争期间，美国总统杜鲁门多次与英国首相丘吉尔磋商：一旦中国公开介入，盟国就要支持美军对中国使用核武器；美军侵越战争期间，尼克松总统曾在军界领导人的建议下，考虑过使用核弹轰炸越南的一个重要堤坝，以挽救军事上的不利态势。苏联步其后尘，也对我国进行过核威慑。1969年，中苏边界珍宝岛发生武装冲突时，苏军将领格列奇科和奥加尔科夫就说过，要使用"百万吨级当量的核弹"或用"有限数量的核武器"，对中国实施先发制人的核打击。以色列这个小国家也效仿美苏，在第四次中东战争中，曾提出使用核武器，还组装了13枚核弹，进入实战准备。自从核武器问世以来，超级大国就把它视为大国地位的象征和争夺战略优势的主要筹码，其他核国家也想利用有限的核威慑来保护自己。

化学武器和生物武器被称为"穷国的原子弹"，制造比较方便，投资较少，在适宜的条件下用于作战，可以给敌方造成大面积杀伤，给人们带来恐惧，从而削弱敌人的战斗力。它们与核武器一样，具有巨大的威慑作

用，如在海湾战争中，当伊拉克扬言要使用化学战时，多国部队忧心忡忡，坐立不安，闹出很多笑话。

从核、化、生武器诞生以来，有关禁止使用它们的条约签订了不少，反对核、化、生战争的呼声一浪高过一浪，然而却屡禁不止。核、化、生武器的研制生产越来越得到发展，质量不断提高，拥有国也在增多。据统计，21世纪初，约有20个国家和地区拥有核武器；有30个国家和地区拥有化学武器；10个国家有能力部署生物武器。因此，核、化、生武器不会在短时期内彻底被销毁，其威慑作用将会继续存在，现代战争将在核、化、生武器威慑环境中进行。

为什么合成军队作战要
综合选择气象条件

现代战争与古代战争不同，不是由单一的兵种，如步兵、骑兵等独立作战，而是陆军、海军、空军等不同军种，步兵、炮兵、装甲兵、防化兵、工程兵、通信兵等不同兵种联合作战。由于各军种、兵种的武器装备不同，性能不同，因而受气象条件的影响也不同。为了充分发挥参战军种、兵种的整体威力，临战前应同各军、兵种协商，选择综合的气象条件，即保证各部队正常作战最起码的气象条件。第二次世界大战后期的诺曼底登陆作战就是典型的战例之一。

1944年初，苏联红军在边境地区给德军狠狠打击后，进入波兰、罗马尼亚境内作战，矛头直指德国的心脏——柏林。根据苏、美、英三国达成的协议，美英联军在西欧开辟第二战场，首先从法国诺曼底半岛登陆，尔后向柏林进军。当时美英联军集中了288万人、13700架飞机、9000余艘舰船，在军事实力上大大超过了德军在诺曼底的兵力。由于成功地实施了电子战，给德军造成在加莱登陆的假象，将德军主要兵力吸引到加莱地区，使诺曼底的防御力量减弱。此时，万事俱备，登陆能否成功，关键在于气象条件能否满足三军的综合要求。为此，他们专门成立气象委员会，详细调查各军兵种需要，提出了满足三军行动的综合气象条件，并且进一步研究分析，认为6月份有两段时间适合于登陆。第一段是6月5、6、7日三天，第二段是6月19、20、21日三天，其中6月5日最为适合，这一天是阴历15日，圆月，有大潮。于是统帅部在5月7日确定6月5日为登陆日，代号为D，同时指出，最后根据天气决定。

6月2日，大批登陆部队上船，一切准备就绪。然而，到了晚上，气象委员会报告说："坏天气已经出现，4～7日天气情况很不利，可能有大风和低的云层，在登陆海滩上有大雾。"6月3日，狂风怒吼，暴雨倾盆。6月4日凌晨，天气仍无好转，预报将来几天，天气不会有太大的变化。登陆能否按原计划进行，三军司令意见不一。陆军司令蒙哥马利主张不顾天气恶劣，按原计划行事；空军司令李马罗里表示反对；海军司令兰塞态度不十分明朗，但也提出不能冒险行动。总司令艾森豪威尔认为，不掌握制空权，登陆作战难以成功，在恶劣气象条件下登陆是十分危险的。为了确保登陆成功，决定将登陆的时间至少推迟24小时。

6月4日晚，气象委员会报告说："在大西洋上空发现了一个迅速出现的新情况，一条冷锋预计今晚经过英吉利海峡，锋后将有一段好天气。"6月5日凌晨，气象委员会再次报告说："天气预报与昨晚一样，好天气可维持到8日。"统帅部经过紧急研究，决定6月6日早晨发起登陆。

果然，5日晚上天气开始转变。舰船启航后，天气逐渐转好，风力减小，云层变薄、裂开，露出蓝天。6日早晨，美英联军先头部队一举登陆成功。

由此可见，气象对合成军队作战是多么重要。科学技术的发展，进一步提高了人们预报未来天气变化的能力，为赢得现代战争的胜利创造了更为有利的条件。

为什么要选择有利于我而不利于
敌的气象条件作战

　　在现代战争中，气象保障相当重要，不仅要提供气象情报，预报天气，尤其要提出可以利用的气象条件建议，使气象条件对我有利，能够增强战斗力，而对敌人不利，削弱他们的战斗力。比如，我在顺风处，敌在逆风处；我有浓雾掩护，敌暴露在晴朗旷野之中；我背向阳光，敌面向阳光，等等。

　　1941年6月22日，希特勒撕毁了苏德互不侵犯条约，突然向苏联发动进攻。他们认为这时的气候暖和，对德军进攻有利，于是轻装出发，从不同方向突入苏联境内，妄图在冬季到来之前一举攻陷莫斯科。然而，苏联人民在斯大林领导下，充分利用气象条件，粉碎了希特勒的企图。当德军逐渐逼近莫斯科时，已经是秋季。10月7日到8日，天气开始变化，阴雨连绵，道路泥泞，德军步兵在泥路上一步一滑，炮兵运动更加困难，正在作战的坦克也不得不撤回一些来牵引大炮和弹药车。这样，德军士兵疲惫不堪，前进速度十分缓慢，有时不得不停止前进。在德军企图绕过泥潭地区时，又遭到苏军的沉重打击。随着冬季的来临，德军的处境更加艰难。这一年的冬季苏联下雪较早，11月3日来了第一场寒流，温度急剧下降。12月4日，莫斯科的气温降到零下30摄氏度。德军由于没有棉衣、棉裤和厚靴袜等过冬服装，部队严重冻伤，有些步兵师每个团大约减员400～500人，于是德军从上到下，人心惶惶，战斗力大大下降。由此说明，大兵团作战，更要注意天气的变化。夏天对德军作战有利，对苏军不利；而冬天对苏军作战有利，对德军不利。所以苏军千方百计地要把德军拖到冬天里打。

1981 年 6 月 7 日，以色列 8 架 F - 16 战斗轰炸机在 6 架 F - 15 歼击机的掩护下，仅用 2 分钟，一举摧毁伊拉克经营近 20 年、耗资 4 亿美元的核反应堆，这也是因为利用了有利的气象条件。当时，太阳正在迅速西下，黄昏即将笼罩着伊拉克首都巴格达城，但是仍有足够的亮度使飞行员看清目标，精确轰炸。当太阳从飞行员背后逐渐下落，刺眼的阳光影响着下面伊拉克防空部队的视线时，F - 16 战斗机发出震耳的声音，从西而入，投下炸弹。

为什么恶劣的气象条件对进攻一方有利

恶劣的气象条件包括狂风暴雨、严寒酷暑、浓雾沙暴、冰天雪地等，它既能严重影响军队的作战行动，又能给人员健康和心理造成不良影响，比较起来，对进攻一方还是有利的。因为进攻一方可以借着恶劣的气象条件作掩护，在防守一方容易产生麻痹大意思想的情况下，出其不意，攻其不备。美国陆军作战纲要就明确强调："险恶的气象条件对攻方有利，因为守方会放松戒备。"大量战例证明了这一点。

1941 年 12 月 7 日，日军偷袭珍珠港，给美国太平洋舰队以沉重的打击，就是由于日本舰队"隐身"在太平洋北航线"暴风雪带"里，航行 12 天未被发觉而偷袭成功。

1941 年，日本帝国主义为了称霸太平洋，消灭美军在这里的海空军势力，决定把打击的重点选择在珍珠港，因为它是美军在太平洋的重要海空军基地之一。然而，日军偷袭珍珠港面临三个问题：一是能否逃避美军的警戒网。珍珠港距美国 3870 千米，而距日本约 7000 千米，从日本到珍珠港有三条航线，其中南航线和中航线海上气候情况较好，不仅美军的舰艇和飞机经常在这两条航线巡逻，而且平时也有不少商船航行，如果大批舰队从这里通过，容易暴露目标。而北航线，位于高空西风急流下面，气候相当恶劣，航线上多有狂风怒涛。二是从日本到珍珠港，需要航行 10 多天，途中油料补给工作能否顺利进行。三是能否消灭美军的主要力量。

面对这三个问题，日军经过认真分析研究，一个一个解决了。对于第一个问题，为了隐蔽行动达到偷袭的目的，只有选择北航线。因为这里气候恶劣，美军侦察机难以在洋面上空巡逻，商船也不敢从这里通过，为了解决第二个问题，特地派遣联络军官，到日本中央气象台，查阅历史气象资料，反复了解在千岛群岛东部海面上加油所需的好天气能否在 10 天之前预报出来，后来气象台分析预料从 11 月下旬到 12 月上旬，北航线不像往年那样不平静，可以顺利进行油料补给工作。对于第三个问题，比较容易解决，选择在 12 月 7 日偷袭。因为这天是星期日，美军休假，军舰和飞机大部分停在港内，这一天是阴历 19 日，从半夜到日出前这段时间有月光，便于飞机从航空母舰上起飞。

偷袭方案制定得相当严密。于是，日军大批舰队在 11 月 26 日从千岛群岛的单冠湾启航，沿着北航线航行，无线电台一律停止发射信号，一切进展相当顺利。12 月 7 日拂晓，突击舰队到达珍珠港以北 200 海里处的预定出击点，未被美军发现。日军 350 架飞机分两批出动，前后仅用 2 小时，共投鱼雷 50 枚，炸弹 556 枚，使美军太平洋舰队遭受重大损失。

为什么登陆作战和抗登陆
作战要注意潮汐的变化

　　潮起潮落，这是大自然的规律。在现代战争中，这种变化规律仍然存在，日复一日，年复一年，顺之者昌，逆之者亡。潮汐是进行登陆和抗登陆作战必须考虑的重要条件之一。登陆前，首先应掌握登陆港湾或海岸的潮差，涨、落潮时间和潮高，以便确定登陆的有利时机。趁涨潮时登陆，便于登陆舰艇抵近敌岸，可缩短登陆兵在滩头冲击的距离；落潮时的情况相反。在潮差大的海区登陆，登陆舰艇必须准时到达登陆点，否则会影响作战的顺利进行。登陆艇在滩头登陆执行运送人员、装备任务时，必须掌握登陆地点的潮汐情况，以便人员和装备上岸后，舰艇能及时离开，这在登陆作战时尤其重要。抗登陆作战时了解潮汐的变化规律，有利于打击登陆之敌。

　　在现代战争中，有不少有关潮汐对登陆和抗登陆作战影响的战例。如1944年6月6日早晨，美英联军在法国诺曼底登陆选择的时机是涨潮时；1950年9月15日凌晨，美军在仁川登陆，也是在涨潮时；1955年1月18日14时30分，少云，小风，涨潮，我华东野战军登陆部队，在密集火力掩护下，顺利攻占一江山岛，全歼守敌。然而，也有由于疏忽潮汐的变化，造成部队伤亡，失去了大好战机的例子。如1949年10月，我军准备解放金门岛，分两个梯队出发。当第一梯队向大金门起航时，正值高潮，接近敌人时，适逢落潮，造成船只搁浅，遭敌海、空军轰炸扫射，使两个团全部遇难，我第二梯队也无法增援。1950年9月15日，当美军突然在仁川突击上陆时，朝鲜人民军恍然知错，但为时已晚。可惜的是，他们又错过了多次有利的反击时机。如美军第一梯队海军陆战队第 5 团和第 1 团，于 9 月 15 日下午，分别在"红海滩"和"蓝海滩"，各用了 2 个半小时和 4 个小时登陆完毕后，当时夜幕已经降下，潮水也退了，其后续梯队不能跟上。美军由于忌怕夜战被迫停止前进。此时，朝鲜人民军没有把握和利用上陆之敌力量最脆弱、便于进行反击的大好时机，挽救尚存一线希望的危局。结果，第二天天亮再次涨潮时，美军海军陆战队第 1 团和第 5 团同时恢复进攻，向纵深发展。

为什么飞机作战最怕雷暴

雷暴，是指大气中伴有雷声和闪电的天气现象。它经常在积雨云中产生，是一种危险的天气现象。雷暴对飞机作战影响很大，在雷暴区里飞行，飞机往往会遇到强烈颠簸、积冰、低能见度和雷电干扰等，尤其是雷电干扰被空军称之为"空中老虎"，稍有不慎，就可能被这只"老虎"吞噬。雷暴可以干扰飞机上的通信、导航和其他电子设备的工作，仪表指示出现误差，甚至失灵，使飞行员变成聋子、瞎子，甚至危及人、机的安全。

1967 年 12 月 13 日，日本"航空自卫队"第六航空团一架喷气战斗机，在训练飞行中遇雨云遭到了电击，飞行员被迫跳伞。

提起雷暴，我们不能不想起王若飞、秦邦宪、叶挺等革命前辈，他们为中国革命立下了不朽的功勋，而最后却牺牲在雷暴之中。无情的雷暴给我国革命造成了巨大损失。

1946 年春天，国民党政府破坏《国共停战协定》，向解放区发动进攻。当时在重庆同国民党谈判的我党代表王若飞和秦邦宪同志，为了向中共中央汇报、请示工作，于 1946 年 4 月 8 日，乘飞机从重庆飞往延安。同机的还有新四军军长叶挺将军及其夫人等同志。叶挺将军在 1941 年"皖南事变"后被蒋介石囚禁了 5 年，当时获释不久，准备回到党的怀抱，为中国革命做出更大的贡献。然而，天有不测风云，当飞机快到延安时，在山西省上空遇到了恶劣的雷暴，造成机毁人亡。

除上述情况外，当机场上空有雷雨时，强烈的降水，恶劣的能见度，急剧的风向变化和阵风，对飞机起飞和降落以及地面设备也有很大影响。例如，某年一架运输机正要着陆时，由于雷暴来临，风向突变，风速突增，结果使飞机偏离了跑道 50 米左右。

为什么核武器爆炸效果与气象有关

　　气象条件对核爆炸后所产生的光辐射、冲击波，早期核辐射和放射性沾染的杀伤、破坏作用，都有一定的影响。

　　光辐射，是核爆炸的闪光和火球发出的强光和热。光辐射通过大气时，由于受到大气中各种气体、杂质的吸收和散射而削弱。对于当量和爆炸方式一定的核爆炸，其光辐射受大气削弱的程度，既与它所通过的大气层厚度和空气密度有关，又与大气中的各种液体微粒（如云、雾、雨滴等）和固体杂质（如烟、雪、浮尘等）含量的多少有关。光辐射通过的大气层越厚、空气密度越大，被削弱得越多。大气中杂质的含量越多，光辐射被削弱得越多。雨、雪、雾、浮尘、烟和霾等，都会削弱光辐射的杀伤、破坏作用。由于大气的质量是决定能见度好坏的因素之一，因此，能见度越差，光辐射被削弱得越多。云层和冰雪面能反射光辐射，当核爆炸发生在云层以上时，由于云层的反射与吸收，将使作用到地面的光辐射减弱，当核爆炸发生在云层以下或冰雪面以上时，光辐射明显增强。因此，当能见度良好并且有云层或地面积雪时，在云层以下或冰雪面以上实施核爆炸，其光辐射对靠近地面物体的杀伤、破坏作用最大。

　　冲击波，是核爆炸后，从爆心向四周迅速传播的高温高压气浪。冲击波在大气中的传播速度，随气温、风以及它们的垂直分布不同而异。通常是气温高时传播速度快，沿顺风方向和向气温升高的方向传播时，速度增大。一般情况下，在投掷大量核弹时，飞机应选择在风速较大的高度上飞行。在雾、雨天，冲击波的一部分能量受到削弱。由冰、雪和水面反射形成的反射冲击波也能增大破坏、杀伤效果。

早期核辐射，又称贯穿辐射，是在核爆炸时产生的一种穿透能力很强的射线和中子流。一般情况下，空气密度越大，或射线通过的大气层越厚时，早期核辐射被削弱得越多，其杀伤、破坏的距离越短。在严寒的冬季，气温低，空气密度大，大气对早期辐射的削弱快。

放射性沾染，是由核爆炸产生的大量放射性灰尘，沉降到地面或物体上，或悬浮在空中所造成的沾染。地面和空中核爆炸，都可产生放射性沾染，而地面核爆炸对地面造成的放射性沾染较严重。在风的作用下，放射性沾染可顺风散布到数百千米范围以内，因此，当敌人处在上风方向时，有利于实施核爆炸。雨雪能把悬浮在空气中的放射性粒子冲刷到地面，加重地面、露天水源和露天存放的武器装备等的沾染，但可减轻对空气的沾染，降水在冲刷放射性粒子的同时，本身也会带上放射性粒子，对人和生物都有危害。地面沾染形成后，如果被雪覆盖，放射性沾染的杀伤作用可减弱。

综上所述，气象条件对核爆炸的各种杀伤、破坏因素都有影响。在战时，不论是施放核武器一方，还是防护核爆炸一方，都应随时掌握战区的气象资料，这样才能趋利避害，收到应有的效果。

为什么人工影响局部天气也能用于作战

　　大气中蕴藏着巨大的能量，比如一个强台风的总能量，相当于两万颗普通原子弹的威力；一个中等强度台风的总能量也相当于两千颗普通原子弹的威力；一次平常闪电的电流可点亮 5000 万只 40 瓦的灯泡。面对这些惊人的能量，有些人就想，能不能把它们用于战争？于是就出现了人工影响局部天气的技术，从而制造出气象武器，利用气象武器达到某种作战目的的军事行动，这就是气象战。

　　气象武器与我们平常使用的枪炮等武器不同，它是一种气象现象，如人工消雾与造雾、人工消云与降雨，人工消雹与降雹，人工制造与抑制闪电，人工影响台风，人造臭氧"洞穴"等。这些气象武器，有的已成为现实并用于战争，有的处于研究阶段。

　　1943 年，美军为了掩护部队过河，曾在意大利伏尔特河岸人工制造了长5千米、高1.6千米的人工雾墙。1968年冬，美国空军在阿拉斯加的埃尔门多夫基地，就曾用人工消雾的方法，扫清了空中走廊，保障了 185 架飞机安全降落。

　　美军在侵越战争期间，曾在东南亚上空秘密地进行达 6 年之久的人工降雨，妄图在预定地区造成洪水泛滥，冲毁桥梁，破坏堤坝，使公路泥泞，交通中断，给对方军事行动制造重重困难。

　　目前，有些国家正在研究向大气层中发射一些吸热或吸光的物质，使预定地区的气温发生急剧变化；控制闪电在电离层中产生低频电磁波，以影响人的大脑和行动能力；利用火箭作为运载装置，将武器送到 15～20 千米高度之间的低浓度臭氧层，使之出现一个暂时的"洞穴"，让太阳紫外线辐射直接到达地面，杀伤预定地区暴露的人和生物；用人工方法使台风转向，将台风引向预定地区，使对方遭受台风袭击；等等。

即使随着气象科学技术的发展，再过若干年可以实现人工控制天气和气候，并用于战争中，但由于"气象战"不能完全摆脱各种自然条件的限制，其实战效果也只能是有限的。另外，有矛便有盾，一种新的武器出现之后，总有对付它的办法。人工能够影响局部天气，人工也能消除这种局部天气。所以，我们不必为这种新的气象武器而担忧。

人工降雨

为什么在现代战争中也要重视心理战

人类斗争，一是斗力，二是斗智。斗力是以武力战为中心，在于武力制敌；斗智是以心理战为中心，在于以智取胜。在现代战争中，尽管各种武器装备的威力大大加强，为武力取胜提供了有利条件。但是，心理战的作用仍然很大，以军事和经济实力为后盾的心理战，将比以往任何时候都更具有强大的生命力。能否有效地对敌人施加心理影响，并对抗敌人施加的心理影响，直接关系战争的胜负。

心理战的作用不在于用武力去消灭敌人的肉体，而是用非武力的心理力量麻痹敌人、瓦解敌军、激励士气，达到"不战而屈人之兵"的目的。

（1）麻痹敌人。通常，一般人认为，"刀光剑影，兵马云集"，就是战争爆发的征候，而"灯红酒绿，歌舞升平"，就可以高枕无忧，过太平日子了。因此，心理战往往违背了人们的一般心理，制造出一些"非战争征候"来迷惑对方，麻痹人们的心理，达到出其不意，攻其无备的目的。1967年6月第三次中东战争，以色列突然袭击埃及获得成功，其中原因之一是以色列在战前巧妙地施行心理战，使埃及军队产生麻痹心理，放松对战争的警惕性。

（2）瓦解敌军。心理战意在攻心，通过利用各种方式、手段和途径对敌进行刺激和影响，使其产生紧张、恐惧、惊慌以至疲惫不安，最终彻底崩溃，丧失战斗力。在海湾战争中，美国为了骚扰伊拉克民众和士兵的意志和行动，从心理上将其挫败，通过广播电台、散发传单、投放录音带、录像带和录音机等各种手段，向伊拉克发动强大心理战。据报道，美国发动空袭后不久，就有1200名伊拉克军官和士兵受到美国的心理战影响而叛逃。

　　（3）激励士气。由于战争本身隐藏着破坏和危险，大规模的杀伤武器，可能引起一些人的恐惧、惊慌及其他不良的心理状态；艰苦的战争生活，会使一些人焦躁不安，时间长了，甚至产生厌战、怀疑等情绪；再加上生与死的矛盾，个人、家庭、集体利益与国家利益的矛盾等，更加重了心理负担。为了排除敌人施行心理战的阴影，振奋士气，坚定必胜的信念，就必须通过富有战斗性的、广泛深入的心理宣传。在海湾战争中，面对美国强大的心理战，伊拉克也不甘示弱，总统萨达姆亲自出马，到前线阵地宣传、与官兵一起迎接新年、送子上前线等来稳住军心，鼓舞士气。

为什么要进行宣传心理战

宣传是对人们的理智产生影响的活动，它通过用具体事物和理论根据进行说服来影响人们的行动。因此，宣传在心理战中占有十分重要的地位。宣传心理战是通过对敌人的舆论、感情和态度施加有计划有目的影响，使敌方的行为向着己方所希望的方向发展，以利于达到预定的目标。其主要任务是使敌方的军民发生疑虑、恐惧而退却，使自己的军民更加坚定、团结和勇敢，以达到削弱敌人、增强自身、影响国际舆论、寻求同情和支持的目的。

1948 年 11 月 6 日，中国人民解放军向国民党军队发起了著名的淮海战役。到 12 月上旬，我军在淮海战场连连告捷。为了尽快瓦解和消灭敌人，我军在实施军事打击的同时，对敌人发起了强大的政治攻势，通过广播、报纸、传单、标语、阵前喊话等各种形式的宣传心理战，引起国民党官兵的极大混乱和不安。1948 年 11 月 27 日，国民党第 85 军 110 师师长廖运周在我军的政治影响下，率领部下 5500 人在安徽宿县毅然起义，引起第 85 军极大的震动。第 85 军第 23 师于 12 月 7 日被我军全歼一个整团后，又遭到我军连日进攻，弹尽粮绝，伤亡惨重，全师上下人心混乱，思想动摇。12 月 8 日，第 23 师师长黄子华突然接到刘伯承、陈毅司令员的劝降信，他感到字里行间充满真情实理，看到了自己的光明前途。同一天，他又接到好友廖运周的来信，更加坚定了弃暗投明的信念。于是，黄子华当天拍了一封电报给他在武汉的家属，叫他们收拾一下回湖南老家，同时召集手下心腹共同商量投降事宜；9 日晚上，派一名副官到我军阵地接洽投降。10 日早晨，召集全师营以上主要军官开会。会上，黄子华说："我不想做罪人，你们各有妻子儿女，如果再打下去，眼看将有许多孤儿寡妇向我要人，所以我决定向共军投诚，过去后可以受优待，以后去留听便，愿回家的绝不刁难……"当天上午，黄子华率领5000余人前往我军缴械投降。真是一封劝降信，胜过千军万马。

据统计，在我军强大心理攻势下，仅向我华东野战军集体投降的敌人就有2.1万余人，零星小股的投降者1.4万余人。正如一位被俘的蒋军高级将领所说："共军的政治攻势，真比张良的'楚歌'还厉害。弄得我们内部上下狐疑，惶恐不安，士无斗志，一击即垮。"

为什么要进行威慑心理战

威慑心理战是以军事、经济等实力为后盾，通过各种方式显示自己的力量和决心，在对方心理上构成一种障碍，使他们感到由于面临无法承受的后果而不敢贸然采取行动，或者使他们的行动有所收敛，或者被迫停止行动，最终达到自己的目的。威慑心理战不论是进攻一方，或者防御一方都可以进行。进攻一方实施有效的威慑心理战，可以使防御者产生防御无效的心理，从而达到"不战而屈人之兵"的目的。防御一方实施有效的威慑心理战，可以使对方望而生畏，担心遭到难以承受的报复，因此停止行动或放弃进攻。如20世纪60年代初美国在古巴导弹危机中就对苏联实施威慑心理战。当时苏联为了加强对美国的直接核打击力量，秘密地在古巴部署了中近程导弹和远程导弹，并且在那里集结了可携带核武器的战略飞机，美国空中侦察系统揭破了这个秘密，为了迫使苏联从古巴撤走导弹，凭着自己的核优势，对苏联展开了一场赤裸裸的威胁心理战，扬言如果苏联不从古巴撤走导弹，"美国将进一步采取任何一种必要的步骤，包括不顾一切地入侵古巴"，并命令150余艘美国舰艇对古巴实行封锁。面对美国咄咄逼人的威慑，苏联不得不从古巴撤出自己的导弹和飞机，这场危机得到缓解。

但是威慑心理战也有搞不成功的，最终还是用战争的手段来解决问题。如在海湾战争中，以美国为首的多国部队和伊拉克双方都充分实施过威慑心理战，虽然延缓了战争的爆发，但没有达到阻止战争的目的。1990年8月2日凌晨，伊拉克军队突然入侵科威特，只用了10个小时，就把科威特吞并了，从而导致了海湾危机。美国从自己的切身利益出发，为了制止伊拉克的扩张势头，迫使他们撤出科威特，迅速联合其他国家，建立起反伊国际联盟，给伊拉克造成强大的心理压力。阿拉伯世界的一些国家为了本国的利益，也先后结成了反伊联盟，从而加重了对伊拉克的威慑。从海湾危机爆发到 1990 年 11 月中旬，在短短 3 个月的时间内，就有 35 个国家配合美国的军事行动。这支庞大的反伊国际联盟，行动一致，对伊拉克显示了巨大的威慑力量。到 1991 年 1 月中旬，多国部队针对伊拉克而部署的总兵力已超过 70 万，坦克 3700 辆，装甲车 2200 辆，作战飞机 1800 架，直升飞机 1700 架，各种规格的舰船 200 余艘。其中有 F - 15、F - 16 战斗机，F - 111 战斗轰炸机、B - 52 轰炸机，以及各种类型的航空母舰等先进武器装备，基本上都向伊拉克公开了，以展示其空中突袭能力和连续作战能力。还公开宣布美军第 82 空降师、第 101 空降突击师、第 3 陆战师，第 24 机械化步兵师等王牌部队进入海湾地区。同时，在沙漠地区还进行了大规模军事演习，充分显示他们在沙漠环境中的进攻能力，从而加大对伊拉克的威慑强度。

伊拉克针锋相对，也对多国部队实施威慑心理战，一是分化瓦解反伊联盟。他们与伊朗恢复外交关系，避免腹背受敌；利用阿拉伯国家同以色列的矛盾，坚持要把科威特问题与中东全部问题放在一起解决；宣布向第三世界国家免费供应石油，使第三世界国家不同美国站在一起。二是开展恐怖活动。他们对美国和其他西方国家的一些驻外机构扔手榴弹和持枪射击；用火箭、炸弹袭击银行、旅行社、大公司和广播电台等。自多国部队开战以后，在不到一个月时间，他们在世界各地就进行了 70 多起恐怖活动。三是扬言要实施化学战，给多国部队以毁灭性的打击，使多国部队忧心忡忡。

为什么要进行诡诈心理战

诡诈心理战，就是以隐蔽自己的企图为前提，通过某种欺骗手段，造成敌人的错觉，使敌人在理智上犯错误，从而导致敌人按照诡诈心理战实施者的意愿行动，达到不战而胜或小战而大胜的目的。战争是双方相互用诈的舞台，如果你不能有效地欺骗敌人或识破敌人的欺诈，那就很容易陷入敌人的圈套，为敌人所制。这样的战例不胜枚举。

1950 年 7 月，在朝鲜人民军的英勇反击下，美伪军 10 个师及英军一个旅败退大丘、庆州、釜山地区，依托洛东江负隅顽抗。为了挽回败局和进一步扩大侵朝战争，美军远东总部司令麦克阿瑟提出了在朝鲜半岛西海岸中部仁川登陆的作战方案。美军为了掩盖他们将在仁川登陆的真实意图，大力实施诡诈心理战。

从 9 月 5 日到 13 日，美军舰载飞机连续不断地对位于朝鲜半岛西海岸的群山周围 48 千米以内的目标实施猛烈的轰炸。美英特混支队也在群山附近活动，美军飞机还空投散发传单，造谣说"不久美军将在群山登陆，海岸地区居民要向内地避难"。在仁川登陆的前一天，美国海军派出战列舰"密苏里"号特混编队，对位于朝鲜东海岸的三陟进行猛烈的舰炮攻击和航空轰炸。美军还对西海岸北部的镇南浦，伪造登陆前的航空轰炸和舰炮攻击。美军广泛利用各种报刊和广播，公开散布美军登陆作战的一些情报，暗示 10 月以后美军将在朝鲜人民军的后方登陆，并故意透露登陆地点可能在仁川，企图用"10 月以后"的假情况，掩盖 9 月 15 日这个真实的登陆时间。

美军成功的诡诈心理战，诱使朝鲜人民军统帅部在错综复杂的敌情面前，未能分清真假，辨出虚实，最后上当受骗，做出了美军将在群山登陆的错误判断，并重点在群山加强防御。这时，朝鲜人民军在日本的情报人员报告美军将要在仁川登陆的重要情报，被认为是美军故意制造的假情报，置之不理。一直到美军开始火力攻击和驻守部队在夜幕中发现美军舰队驶来，报告统帅部，统帅部这才恍然大悟，方知陷入了美军精心设置的圈套里。

为什么要进行激励心理战

　　激励心理战是通过各种方式来激励士气的一种心理战。士气是部队官兵的战斗意志和战斗精神，是促使军人不畏艰险，勇敢战斗，去夺取胜利的精神、心理状态。激励心理战通常采用教育激励、以怒激励、鼓动激励、奖赏激励、感染激励和娱乐激励等方式实施。通过进行激励心理战，可以不断恢复和鼓舞部队的战斗信心，凝成顽强的抗争精神、临危不惧的英勇气概和坚韧不拔的忍耐力，攻无不克，战无不胜。

　　例如，音乐是表达人们思想情感，反映社会现实生活的一种艺术，它来源于实践，是一种沟通思想、激励感情的精神产品。实践证明，优美轻松的旋律可以使人心旷神怡；高亢奔放的旋律可以令人激昂奋进；低沉缠绵的旋律，可以使人压抑消极。在战争条件下，通过娱乐激励，可以"以歌激气"，振奋精神，提高士气。

　　1942年8月9日，苏联的卫国战争正值白热化阶段，列宁格勒仍处在德军的重重包围之中。德军的轰炸机和大炮向该城市倾注了无数枚炸弹和炮弹，敌机的呼啸声和令人心悸的枪炮声，加上饥饿和死亡，引起了一些人的惊慌不安。列宁格勒的前线总指挥、业余音乐爱好者列·阿·戈伏罗夫萌发奇念：何不公开演奏那部以歌颂壮列的卫国战争为主题的《第七交响乐》来激励士气、鼓舞斗志、安定军心？他的设想得到了其他指挥官的一致赞同。于是，加紧准备，寻找乐谱，调集演奏员和乐器，终于一切就绪。正式演出那天，当指挥的金属棒闪电般地一挥，音乐便如潮水般地奔涌出来，雄浑嘹亮的音符随着电波飞进了列宁格勒的千家万户。千千万万的男女公民肩挎冲锋枪，眼含热泪倾听着这庄严的乐声，沉浸在一阵狂热的爱国激情之中。一双双缠着纱布的手臂高高举起，顿时，"祖国万岁！""列宁格勒万岁！"的口号声风起云涌，和音乐响成一片。在充满死亡和鲜血的时刻，列宁格勒没有沉默。于是，奇迹出现了，不可一世的德军始终未能攻陷列宁格勒，对此，一位德军指挥官不得不仰天长叹："列宁格勒果真是一块啃不动的'硬骨头'！"

为什么在现代战争中人们
越来越重视夜战

　　夜战，是指夜间进行的作战行动。夜战的目的是利用夜暗隐蔽行动，达到出敌不意、击敌无备、减少伤亡、出奇制胜，夺取战场的主动权。这是自古以来消灭敌人的有效战法。

　　随着夜视技术、遥感技术、隐身技术、微电子技术和航天技术的迅速发展和在夜战中的广泛应用，使夜间战场越来越"透明"了。在太空，侦察卫星日夜监视地面目标，能分辨出人员、车辆、飞机、舰船、导弹等不同类型的目标；在空中，有的侦察预警飞机能在9000米高空昼夜巡逻，探测半径370千米内的低空目标并引导己方飞机作战；在地面，遥感监视系统能在复杂的地形上对10多千米以内的人员、车辆进行侦察和监视。因此，夜战的地位发生了变化，由过去唱配角、对昼战的补充到现在唱主角、相对独立作战；夜战的规模发生了变化，由小分队作战到大兵团作战；夜战的样式发生了变化，由单一袭击变为多种样式并用；夜战的空间发生了变化，由陆地扩展到陆、海、空、天全领域。

　　过去，一般是处于劣势的一方，为了弥补自己武器装备和力量的不足，主动寻求夜战。如抗日战争时期，我军以小米加步枪对抗敌人的飞机加大炮，如果在白天公开作战，显然对我们不利。于是，我们就经常利用夜战袭击敌人，积小胜为大胜。《平原游击队》和《铁道游击队》等影片就充分表现了夜战的威力。在现代条件下，随着夜视器材的广泛应用，无论是优势一方，还是劣势一方，对夜战都产生了浓厚的兴趣。现代发生的几场局部战争，进一步说明了夜战的作用。例如，1982年5月20日，英军在马岛发起登陆作战，以夜幕作掩护，频频向阿根廷军队发动进攻，迅速占领马岛，创造了现代战争中依靠夜视器材优势取胜的典型范例；1983 年 10 月 25 日美军入侵格林纳达、1986 年 4 月 15 日美军空袭利比亚和 1989 年 12 月 20 日美军入侵巴拿马也是选择在漆黑的夜间开始的；1991 年 1 月 17 日，以美国为首的多国部队向伊拉克发动大规模空袭，开始时间为凌晨 2 点 40 分；1991 年 2 月 24 日，多国部队向伊拉克发起大规模地面进攻，开始时间为凌晨 4 点。在海湾战争中，多国部队出动 11 万多架次飞机对伊拉克的指挥中心、通信枢纽、防空设施、导弹基地、雷达站等重要军事目标的侦察和轰炸，其中 70% 是选择在夜间进行的，小范围的兵力调动、物资运输也选择在夜间进行。由此可见，在现代战争中，人们越来越重视夜战。

为什么高技术装备使夜战的能力空前提高

由于科学技术的飞速发展，涌现出一大批高技术夜视器材，在近期几场局部战争中发挥了很大作用，是现代战争取胜的必不可少的装备。高技术夜视器材，具有很多优点，大大提高夜战的能力，主要表现在以下几个方面：

一是通过夜视器材，使夜战中的侦察与识别能力明显提高。一般人的肉眼在月光下可以发现240米内走动的人员，在星光下可发现70米内走动的人员，在无月的阴天，夜晚观察距离只有十几米，甚至几米。借助于高技术夜视器材，可以看到几百米至几千米内的目标。例如，美国研制的一种热像仪，对人员的最大发现距离为3000米；英国研制的一种热像仪，能在1000米距离上识别0.15米宽的目标。不仅如此，高技术夜视器材还具有一定的透视能力。美国1975年研制成功的AN/PAS-7热像仪，可以发现丛林中60米以内的行人，能透过一定厚度的烟、雾、雨、雪进行观察。侦察机上携带的热像仪，可在20000米高空发现地面上集结的人群和行驶的车辆，并能发现地下1米深处的目标。因此，部队在夜间能够顺利行动并且能及时发现敌人的夜间活动。

二是通过夜视器材，大大提高了夜战中武器瞄准与射击能力。夜视观瞄仪器和夜视制导武器的应用，使夜战中瞄准距离大为增加，射手可以在几千米距离内借助夜视观瞄仪器进行射击。例如，法国生产的MARIT第三代微光夜视仪，对人员的作用距离为1000米，对车辆的作用距离可以达到6000米。此外，通过夜视器材，射击精度也明显提高，如美军的"龙"

式、"陶"式导弹配备红外夜视制
导系统后，命中率高达 90%。这
样，使武器夜战威力明显提高了。

　　三是通过夜视器材，使夜战中
部队的机动与协同能力大大提高。
俄军条令规定，坦克行进纵队白天
时速为 25～30 千米，夜间通过使
用夜视器材时速为 20～25 千米，
基本与白天一样。另外，使步兵与
炮兵、步兵与坦克、空中与地面等

中国 PNV-28 型手持微光夜视仪

作战行动能够协调一致，密切配合。这样在夜战中，部队既能快速前进，
又能快速撤退；既能迅速分散，又能迅速集中，提高了整体作战能力。

为什么在现代战争中对付敌人的
夜视器材也有好办法

虽然夜视材器能明显提高夜战能力，但是在夜视器材面前，人们并非无能为力、束手待毙，有很多好方法可以对付它。

一是充分利用各种自然条件。因为各种夜视器材的作用距离与观察效果，都或多或少受到地形地物和气象条件的影响。当在敌人观察方向上利用沟坎、土丘、墙壁、建筑物等自然障碍物，对人员、车辆、武器装备等进行遮挡，使对方夜视器材与己方目标之间被这些障碍物阻隔而不能通视。在恶劣气象条件下，由于大气中的尘埃、风沙、雨雾、水汽等对可见光和红外线的散射和吸收作用，使各种夜视器材的性能不能得到正常发挥，便无法进行正常观察。例如，一台作用距离为800米的主动红外夜视仪，在有风沙的夜晚只能观察到 400 米远处的目标。微光夜视仪受气象条件影响更为明显，当遇到云、雾、雨、雪、风沙时，其作用距离与观察效果将严重下降，全黑天无法工作。据测试，同一台微光夜视仪，在星光条件下作用距离为 600 米，而在乌云密布、星月淹没的条件下就降为 10 米了，雨天观察效果降低 20％，中等雾天降低 60％，大雾天几乎无法观察。热像仪虽然比其他类型的夜视器材受气象条件影响小，但遇到浓雾、暴雨、大雪、或空气很潮湿，其作用距离与观察效果也有所下降。因此，在夜战中，部队活动、武器装备和军事目标等设施的布置，应选择不易被敌人夜视器材照射和观察到的地方。对付敌人空中侦察的夜视器材，应注意利用洞穴、建筑物等隐蔽我们的武器装备和人员。

二是巧妙利用各种伪装方法。对付主动红外夜视仪，主要应着眼于尽量减少目标与背景对近红外线的反差区别。可利用地形、地物、植被等自然条件伪装，同时注意利用现地植物、泥土等编扎、涂抹材料，或用白灰、煤灰、废机油作伪装涂料进行伪装。对付微光夜视仪，伪装的原则是尽量减少目标与现地背景对夜天光（即月光、星光和大气辉光等微光）的反差。比如，在植被较多的地方可采集植物枝叶进行伪装；在沙丘和植被较少的丘陵地带可采用单色迷彩伪装；对于工事、建筑物等固定目标可采用保护迷彩或仿造迷彩进行伪装；对较复杂背景中的活动目标，如坦克、火炮、机械、车辆等，可采用变形迷彩伪装。对付热像仪的基本伪装原则是消除或减小目标与背景热辐射的差别，即消除或减小二者之间的温差。例如，对坦克、车辆等活动目标，采用多层材料包覆发动机，或采用泡沫塑料伪装剂涂覆车体；对于飞机，可采用喷洒散热油漆降温，或涂覆红外吸收材料，以减少红外线的反射与辐射；对于军舰，可浇泼海水降温；对固定目标和刚停驶的机动车辆，可利用遮障，如土堆、沟坎、墙壁和浓密树丛隐蔽。

三是注意运动动作。各种夜视器材，无论其性能如何优越，都离不开通过望远光学镜头进行观察，往往不能像人肉眼直接观察那样舒适、开阔、自如。因此用夜视器材观察时，搜索过程较长，发现目标较慢，加之通过夜视器材观察所看到的图像，一般比较平淡，不能区分色彩，给识别目标和分辨细节增加了困难。针对夜视器材这一弱点，在夜间接近敌人时，应实行小群多路、分组前进、交替运动、分散接敌。注意走暗不走明、走低不走高，队形宜纵不宜横，速度宜快不宜慢，姿势宜低不宜高，从而减少暴露机会。

另外，可采用烟幕干扰、强光干扰、欺骗干扰或者用火力将敌人的夜视器材摧毁。

为什么现代战争的后勤指挥
面临很多新问题

　　现代战争，由于作战空间扩大，指挥关系多样，指挥周期缩短，信息量剧增，战场情况多变，以及后勤指挥系统经常受到干扰破坏，使后勤指挥面临很多新问题。主要有以下几个方面：

　　一是指挥控制越来越复杂。现代战争是各军种、兵种联合作战，从陆地、海上到空中和太空，从作战地区到大后方，后勤保障的范围相当辽阔。在这个立体的大战场里，担任后勤保障的力量很多，有正式部队保障力量、临时加强的保障力量、地方支前力量，以及政府机关和有关经济、技术部门，有时还有盟国的后勤力量等。后勤指挥的内容也十分丰富，有对供应、救护、修理、运输保障的指挥，有对专业勤务保障、后勤防卫作战、后勤动员等的指挥。要想使各个战场的多种后勤保障力量密切合作，协调一致，按时完成所担负的后勤保障任务，就需要认真组织好，有条不紊地指挥控制，使全局成一盘棋。在海湾战争中，后勤指挥的对象涉及十多个国家的陆、海、空、天、电磁等各军兵种多种后勤力量，以及多个地方经济、技术部门；后勤指挥的空间几乎涉及到海湾战区以外数万千米的广阔立体空间；后勤指挥的内容达到空前程度。面对这些新情况，指挥控制就更加复杂。

　　二是指挥效率要求越来越高。随着作战节奏的加快，后勤指挥必须跟上整个战争的步伐，从定下决心、拟制计划、下达命令到具体进行保障行动，慢则几天，快则几小时，决不能互相扯皮，拖延时间，要高效率实施。例如，1983年美军入侵格林纳达，10月23日参谋长联席会议决定派陆军参战，第二天，后勤部门就保障两个陆军别动队空运到巴巴多斯集结地；第82空降师后勤部门24日晚9时才接到作战命令，但在11个小时内就完成后勤的各项准备工作，这样就保障了10月25日准时开战。

三是指挥决策与计划的难度越来越大。现代战争，战场情况瞬息万变，很多任务难以预料。比如，物资消耗补充、战场人员伤亡、武器装备损坏等情况，每次战争都不同。这样，就使得战前对后勤指挥所做出的决策和计划，往往与实战情况差别很大，就不得不临时调整。例如，英阿马岛战争，英军原计划准备一个月用的弹药，结果不到一周就打完了，使得在古斯格林登陆作战的英军十分被动，几乎陷入了弹药耗尽的困境。

四是保障指挥系统的安全越来越困难。后勤指挥系统是敌人攻击的重点目标，指挥系统一瘫痪，后勤保障就变成一盘散沙，很难保障作战部队的需要。敌人破坏后勤指挥系统一是采用"硬杀伤"，用武器摧毁；二是采用"软杀伤"，用电子干扰。在海湾战争中，美国双管齐下，既用精确制导武器，从不同方向摧毁伊拉克的指挥中心；又施放强烈的电子干扰，最终使伊拉克的作战指挥系统和后勤指挥系统陷入瘫痪和混乱状态，作战力量大大下降。

为什么现代战争的运输保障难度明显增大

在现代战争中，随着参战的军兵种增多，大量投入各种先进武器装备，物资消耗巨大和部队机动频繁，给运输保障增加了很多困难。

一是运输的立体化趋势更加明显。现代战争是陆、海、空、天一体联合作战，要求军事运输必须具备地面、海上、空中以至太空的综合运输保障能力，能够对不同战场上的作战力量实施立体保障。例如，海湾战争，美军的运输力量是由空运力量、海运力量以及陆上运输力量组成的，加上地方运输力量，构成了重要的机动能力，保证了海湾战争的胜利。可以说任何一种运输方式都不能满足这种需要，只有综合运用多种保障手段实施立体运输，才能保障作战的需要。

二是运输量和运输能力的矛盾更加突出。战争消耗巨增，需要强大的运输能力才能把大批的武器装备和物资及时运往战场。但是，往往运输能力满足不了需要，不得不动员国内民用运输力量，甚至有的不惜重金租用其他国家的运输工具。例如，英阿马岛战争，英国为了搞好海上运输，除利用海军现有舰艇外，还租用了 52 艘民用船只，每天的租金高达 300 万美元。

三是交通运输线面临的威胁越来越大。在战争中，交战双方都把对方的交通线、交通设施和运输工具作为重点打击目标，千方百计地进行封锁破坏。因此，交通线是作战部队的生命线。在海湾战争中，美军把破坏伊拉克军队的交通运输线作为整个作战的重要组成部分，贯穿于战争的全过程。持续 38 天的空袭作战，约有 1/3 的飞机出动架次用于轰炸伊拉克的交通枢纽、交通设施和运输线。

　　四是运输组织工作更加复杂。陆、海、空运分别涉及各军种兵种；汽车、飞机、火车、船舶涉及到军内、军外各个部门；装载、运行、卸载等环节涉及到有关仓库、装卸部队、运输部队；交通线的抢修、防卫又要涉及工程部队、铁路、公路部门以及防空部队等。无论哪一个关系协调不好，哪一个环节出了问题，都会影响保障效率。只有组织严密，协调一致，形成一个整体，才能使运输保障卓有成效。

为什么现代战争对技术
保障要求越来越高

所谓技术保障，是为保证军队武器装备性能良好所采取的技术措施，包括武器装备的维护保养、修理、检查、改装等。在现代战争中，技术保障工作的好坏将直接关系武器装备是否能最大限度地发挥效能，从而进一步影响战争的进行和最后的结果。因此，对技术保障的要求越来越高。

一是要求技术保障的技术范围不断扩大。由于现代技术渗透到武器装备的各个领域，使技术保障工作所涉及的技术范围更广。从陆军、海军、空军到战略火箭军、天军、电子战部队，以及特种作战部队，不仅要保障传统的技术装备，而且要保障大量出现的新式技术装备。技术保障涉及微电子技术、电子计算机和人工智能技术、光电子技术、航天技术、新型材料技术、生物技术、电子对抗技术、制导技术、定向能技术等许多新技术领域。既要对现代武器装备提供"硬件"技术保障，又要对它们提供"软件"技术保障。随着科学技术的飞速发展，还会有更多、更新的技术被运用于军事领域，军队技术保障的范围也将不断扩大。

二是要求技术保障的难度不断增大。兵器发展史告诉我们，武器装备越先进，维修保养就越复杂，技术保障工作的难度就越大。因为现代武器装备是多项高技术综合运用的复合体，如精确制导武器是微电子技术、传感技术、计算机技术、信号处理技术、推进技术等技术的综合产物。现代武器装备的破坏原理也增多，从而加大了保障的技术难度。现代武器装备的破坏原理由过去单一的"硬摧毁"发展为"软杀伤"与"硬摧毁"相结合的多种综合破坏，使武器装备损坏的种类越来越复杂。技术保障不仅要解决大量的"硬件"技术问题，还要解决许多"软件"方面的技术难题。如电子战手段的广泛应用，可以使许多电子技术装备发生故障，要排除这些故障比较困难。

三是要求技术保障的任务不断加重。现代战争，不仅有大量的作战技术装备，还包括大量的后勤保障技术装备，而且每一件武器装备都包含多项技术，这就不可避免地增大了技术保障工作的任务量。例如，在海湾战争中，多国部队投入了大量的武器装备，仅使用的飞机就有20多个机种、44个机型，约3200多架。战争期间，平均每天出动飞机2600多架次，仅技术保障中的维修、保养工作就需要5万～6万个工日，在后勤人员当中，技术保障人员占一半以上。

四是要求技术保障的内容多样化。不仅要对高技术武器装备进行技术保障，还要投入一定的力量对传统武器装备进行技术保障；不仅要承担武器装备的维修，还要为部队提供多种技术服务，如专业技术培训、技术指导、技术咨询、技术监督等。

五是要求技术保障的时效性不断提高。现代战争的突出特点是节奏快、速度高，后勤技术保障必须做到快速、及时，才能满足战争的需要。如，美军规定：战场维修时，查找故障原因的时间不能超过30分钟；一个坦克营或一个机械化步兵营的维修保养时间不得超过4个工时。在海湾战争中，其技术保障人员可以在45分钟之内完成一架F－15战斗机的维护保养工作，在1小时之内可保证飞机再次升空作战。这样，才能有利于保证部队各项作战任务按时完成。

为什么在现代战争中卫生
勤务保障更加困难

　　战争作为人类自相残杀的怪物，千方百计地给对方人员造成各种各样的威胁，因而增加了卫生勤务保障的困难，在现代战争中尤其突出。

　　一是造成人员伤亡的因素越来越多。首先是武器装备杀伤。战争中，对人员杀伤，一是"硬杀伤"，二是"软杀伤"。"硬杀伤"主要是指武器装备对人员肌体的有形杀伤，如肢体损伤；"软杀伤"是指武器装备对人员造成的无形杀伤，如使人烦躁、耳鸣、头痛、恶心、心悸、视觉丧失、肝胃功能失调、四肢麻木、精神失常等。造成这些杀伤主要是由对方的武器装备引起的，也有些杀伤是由自己的武器装备引起的。如坦克乘员被置于车内密闭的空间里，强大的热能、电磁、光，以及各种辐射的火药气体、废气、电池气，加上噪声、振动等，对人员伤害很大。在战时条件下，将有20％的炮兵作战人员耳聋，严重时会造成鼓膜穿孔，甚至死亡。其次，自然条件对人员杀伤比较严重。在战争中，人员所处的战场环境，有的是冰天雪地或炎热干旱，有的是潮湿多雨或狂风沙暴等，这些恶劣的自然条件极大地威胁人员的身体健康，如冻伤、高山肺气肿、高山缺氧症、中毒等。志愿军在朝鲜战争中，仅第二次战役就冻伤5万多人，占参战总兵力的14.5％。海湾战争，开战前几个月中，美军就有2000多名伤病员被后送回国，其中大多数是中暑、腹泻及地方疫源性疾病。另外，造成人员的伤亡因素还有生活水平低，营养不良以及指挥官指挥失误等造成的。

　　二是人员伤情复杂。在第二次世界大战中，几个主要参战国的伤亡虽然高达3900万人，但伤情比较单一，比较容易救治。而现代战争中，杀伤武器种类繁多，有枪、炮、炸弹、燃烧弹、地雷、导弹等常规武器，也有微波武器、激光武器、次声波武器等新概念武器，还有核武器、化学武器和生物武器等，产生了一些疑难病症和损伤，如放射病、传染病、毒伤病、复合伤等。

三是战场救治任务艰巨。现代战争中，部队作战任务重、作战行动转换频繁，环境恶劣、卫生条件差、体力消耗大，身体的抵抗能力急剧下降，加上疫源不易掌握、疫情复杂，以及敌人对我方卫生勤务保障力量的攻击和重点破坏交通运输线，给伤员的救治和运送带来极大的困难。例如，海湾战争中，当地面作战开始后，美军使用火力和兵力，基本上使伊拉克军队失去行动的自由权，战场上的医院、药材仓库和其他卫生勤务保障措施大部分被破坏，卫生勤务保障力量无法进行战场救治，伤员难以实施前送后运。

为什么在现代战争中陆上机动
作战对后勤保障的要求更高

现代战争陆上机动作战与过去的运动战相比，无论是军队的机动能力和进攻、防御作战能力，还是指挥控制能力和战场监视能力都有很大的提高，这样对后勤保障的要求更高。

一是作战力量机动速度快，要求后勤保障跟得上。现代战争的陆上机动作战，由于军队的机械化水平明显提高，敌我双方都依靠各自的优势，通过迅速的机动作战，努力夺取和保持战场的主动权。面对强大的敌人，为了创造和捕捉有利战机，以便集中优势兵力，在机动中歼灭敌人，必须利用本土作战的有利条件，采取各种方式，实施高速度的机动。因此，后勤保障部队要紧跟作战部队进行集中和分散、前进和后退等快速机动，并在机动中组织保障。当战场情况发生变化时，应及时机动人力、物力和调整部署。

二是作战节奏加快，要求后勤保障及时。现代战争作战的时机难以把握，有时稍纵即失。因此，要求一旦出现有利战机，便迅速发起作战行动，准备时间短促。尤其是后勤保障工作要提前做好，时间更加紧迫，在连续作战或紧急情况下，后勤保障往往是边随部队机动边进行准备。这就要求后勤保障迅速展开、及时供应、快速抢救抢修，并且要及时排除敌人的破坏和干扰，在很短时间内完成大量的保障任务。

三是战场情况复杂多变，要求后勤指挥组织严密。现代陆上机动作战，参战力量比较多，除地面机动歼敌部队外，还可能有远程炮兵和常规导弹部队、航空兵部队及海上作战部队等进行配合，后勤保障也将涉及各种保障力量，后勤指挥对象复杂。另外，作战地区经常变动，今天在这里打仗，明天可能就要迅速机动到其他战区；作战形式变化多样，有时机动进攻，有时机动防御，有时可能要撤退。所有这一切，都要求后勤指挥组织严密，使各部分保障力量忙而不乱。

四是战场暴露，要求后勤保障严加防护。在作战中，后勤保障是在战火中进行。后勤设施和交通运输线基本重叠在一起，容易被敌人侦察、监视；机动作战的战区极不固定，后勤保障流动性大，初到新地方，来不及修建大量的后方工程，后勤保障基本处于暴露状态；战场上，敌我双方相互交叉，使后勤保障更容易暴露。所有这些暴露现象，很容易遭到敌人的攻击和破坏，因此，要确保完成任务，必须严加防护。